사춘기 아이와
잘 지내시나요

사춘기 아이와
잘 지내시나요

초판 1쇄 인쇄 2024년 3월 25일
초판 1쇄 발행 2024년 4월 2일

지은이 손병일
펴낸이 이종두
펴낸곳 (주)새로운 제안

책임편집 엄진영
디자인 보통스튜디오
영업 문성빈, 김남권, 조용훈
경영지원 이정민, 김효선

주소 경기도 부천시 조마루로385번길 122 삼보테크노타워 2002호
홈페이지 www.jean.co.kr
쇼핑몰 www.baek2.kr(백두도서쇼핑몰)
SNS 인스타그램(@newjeanbook), 페이스북(@srwjean)
이메일 newjeanbook@naver.com
전화 032) 719-8041
팩스 032) 719-8042
등록 2005년 12월 22일 제386-3010000251002005000320호

ISBN 978-89-5533-652-8 03370

중학생 자녀를 어려워하는 부모들에게

✳

사춘기 아이와
잘 지내시나요

손병일 지음

30년 경력의 현직 중학교 교사가

섬세하게 알려주는 사춘기 심리

새로운제안

중학생이라는
물과 불 위를 걸어가는 아이들

#중학교는 어떤 곳인가?

중학교는 초등학교와 전혀 다른 사회다.

사춘기의 불안한 뇌를 지닌 아이들이 '준 사회생활'을 하는 곳이다. 중학교 교실의 구성원들은 정신적 성숙도에서 적지 않은 차이를 갖고 있다. 보통 또래보다 최대 3년 더 성숙한 아이도 있고 3년 더 미숙한 아이도 있다고 알려져 있다.

초등학교 때 따돌림 피해를 입은 아이가 학급에 있다면 또래 갈등의 불씨가 될 가능성이 높다. 그런 아이는 누군가 따돌림 당하거나 혼자인 아이가 있을 때 심리적으로 안심할 수 있기 때문이다. "나는 저런 애가 아니야"라고 안도하면서 말이다.

반면에 타인의 아픔에 공감할 줄 알고 도움을 주기 위해 기꺼이 행동하는 아이가 있는 교실은 평화와 안정, 기쁨을 느끼는 공간이 될 가능성이 높다. 공감과 사랑의 에너지를 지닌 아이는 다른 아이들의 의식 수준을 끌어올리는 역할을 해주기 때문이다.

체격과 외모, 학업 능력과 정신적 성숙도 등에서 차이가 큰 아이들이 3년 동안 함께 사회생활을 해나가는 곳이 중학교 교실이다. 이곳은 한 치 앞을 내다보기 어려운 불확실성의 공간이다.

#중학생은 누구인가?

중학생은 인생에서 에너지가 가장 넘치는 시기이다. 초등학교 내내 아이들은 교실에서 담임선생님과 함께 지냈다. 그랬던 아이들은 중학교에서 담임선생님을 조회와 종례 때만 본다는 사실에 해방감과 자유로움을 느낀다. 쉬는 시간이나 점심시간이 되면 넘치는 에너지로 서로 장난을 치느라 교실과 복도가 복작복작해진다.

중학생은 준비가 되지 않은 상황에서 사회생활을 하는 시기라고 볼 수 있다. 담임선생님이 교실에 상주했던 초등학교는 관리자가 있는 일종의 보호 생활이었다. 중학교 1학년은 아직 타인의 감정을 읽는 능력이 부족한 시기이다. 그러다 보니 아이들끼리 장난을 치다 자기도 모르게 괴롭힘으로 변하는 일이 자주 발생하곤 한다.

아이들은 어디서든 적응력이 뛰어난 존재다. 중학교라는 낯선 세계에 들어와 잔뜩 긴장했던 아이들은 곧 새로운 환경에 적응하게 된다. 그러다 여름방학을 보내고 나면 훌쩍 자란 모습으로 학교로 돌아온다.

중2가 된 아이들은 '청소년'이라고 부를 만큼 제법 의젓해진다.

'중2병'이라는 말이 있듯 이 시기는 결코 호락호락한 시기가 아니다. 이제 아이들은 어느 정도 홀로 설 수 있는 힘이 생겼다. 뭐든지 스스로 선택하고 싶어 하고 자신의 힘으로 해결하고 싶어 한다. 스스로 삶을 통제하려는 욕구가 강하게 생겨난 것이다. 삶의 통제감은 건강한 중학생에게 너무도 자연스러운 욕구이다.

삶의 통제감을 존중받지 못한 아이는 부모에게 거침없이 반항을 하게 된다. 중학생 부모는 아이가 갑자기 변한 것 같아 깜짝 놀라게 된다. 때때로 괴물이 된 것 같다고 느끼기도 한다. 아이가 이렇게 반항하는 이유는 무엇일까? 그 대답은 아주 간단하다. '반항할 수 있는 힘이 생겼기' 때문이다.

'힘'이 생긴 아이는 부모에게 짜증을 부리기도 하고 부모의 말을 거역하기도 한다. 절대 꺾이지 않겠다는 듯 쇠고집을 부리기도 한다. 급기야 불같이 화를 내며 분노를 터뜨리기도 한다. 별거 아닌 일에도 벌게진 얼굴로 눈에서 불을 뿜으며 맹수처럼 으르렁거린다. 아이가 그런 상태일 때는 소통을 중단하는 것이 가장 현명한 대응법이다. 잠시 흥분 상태에 빠진 아이하고는 대화가 불가능할뿐더러 계속 상대해봐야 싸움만 더 커지게 되기 때문이다.

아이가 진정될 때까지 기다려 주는 것이 최선이다.

중3이 된 아이는 중2와 또 다른 아이가 된다. 제법 '어른스러워 진 느낌'을 풍긴다. 이제 아이는 부모로부터 독립된 존재이기를 원한다. 중3은 부모 없이 홀로 설 수 있다고 착각하게 되는 시기 이기도 하다. 하지만 '성숙한 존재'로 자리매김하기 위해서는 아 직도 십 수 년을 기다려야 한다. 뇌과학자들은 "뇌의 조절력이 어 느 정도 자리를 잡는 시기는 이십대 초중반이며, 완전히 안정화 되는 시기는 서른 이후다"라고 말한다.

중3은 스스로 독립할 수 있다고 착각하는 때인 만큼 부모와 불 화가 깊어지면 관계가 단절될 수도 있는 시기이다. 완전히 강을 건너갈 수 있다는 뜻이다. 이때 부모는 아이가 지켜주길 바라는 마지노선을 침범하지 말아야 한다. 아이의 마지막 자존심은 지켜 줘야 한다.

#중학생 부모는 누구인가?

부모는 저마다 사춘기를 겪은 이들이다. 십대의 불안하고 혼란스 러운 마음으로 좌충우돌 갈팡질팡해봤던 이들이다. 직접 겪어본 일이기에 자녀가 사춘기가 되면 잘 인도해 줄 수 있을 것 같은데 그게 그렇게 잘 안된다.

그것은 부모 자신의 사춘기 기억보다 아이의 유년기 기억이 더 많기 때문일 것이다. 부모의 마음 속에는 귀엽고 사랑스러웠고 세상 누구보다 친밀했던 아이의 기억이 가득 차 있다. 부모에게 전적으로 의존했고 부모를 기쁘게 하려 했으며 부모의 인정을 받기 위해 최선을 다했던 아이가 기억의 방을 점령하고 있는 것이다.

그랬던 아이가 중학생이 되면서 자기주장을 펴기 시작하더니 급기야 반항하거나 대들고 부모를 무시하기까지 한다. 어렸을 때 말을 잘 듣고 착했던 그 아이는 어디로 갔는가. 내 아이가 점점 괴물이 돼 가는 것만 같다.

중학생 부모에게 가장 필요한 일은 믿음의 눈으로 아이를 바라봐 주는 것이다. 얼마 전까지 초등학생이었던 아이가 중학교 생활을 잘 감당해낼지 불안한 마음이 드는 것도 사실이다. 아이에게도 어렵고 힘든 도전임에 틀림없다. 이때 부모가 불안해하거나 조바심을 갖는 모습을 보이는 것은 바람직하지 않다. "우리 아이는 잘 적응할 거야", "중학교에서 힘든 일도 겪겠지만 잘 헤쳐 나갈 거야"하는 믿음의 눈빛을 보내주는 것이 중요하다.

부모의 말과 행동 등 의식적인 행위보다 아이에게 더 많은 영향을 주는 건 부모의 무의식적 행위이다. 부모의 머릿속에서 그려지고 있는 아이 이미지가 아이의 자존감에 가장 큰 영향을 미친다. 심리의 영역에선 의식보다 무의식이 더 힘이 세기 때문이다.

부모가 부정적인 이미지를 그리고 있는 아이는 자신이 괜찮은 존재라는 걸 증명해 보이려는 욕구를 갖게 된다. 자신이 부족한 존재가 아니라는 것을 부모에게 보여주려고 애를 쓰게 된다. 아이가 그런 모습을 보인다면 좋지 않은 신호라고 봐야 한다. 아이는 있는 그대로 부모에게 사랑받고 신뢰받는 존재여야 한다. 자신의 존재를 증명하려는 아이는 삶이 고달플 수밖에 없다. 그게 여의치 않을 경우 비뚤어진 방식으로 존재감을 드러내는 길로 빠지기 쉽다.

왜 아이가 부모에게 자신을 증명하며 살아야 하는가? 능력을 증명하는 일은 국가를 대표하는 선수에게나 요구되는 일이다. 탁월함을 추구하는 건 인생의 올바른 방향성이 아니다. 탁월함은 유전자와 환경 등 운에 크게 좌우되는 요인이기 때문이다.

인생의 방향은 평범함을 추구하는 것이어야 한다. 평범한 자신을 있는 그대로 받아들이는 능력이 있어야만 내면에 진정한 행복이 깃들 수 있다. 탁월한 자신만을 받아들이는 사람은 극히 짧은 순간에만 행복을 느끼게 된다. 탁월함을 오래도록 지속시킬 수 있는 인간은 흔치 않기 때문이다.

인간은 누구나 평범한 자신을 있는 그대로 받아들일 때 온전하고 행복한 삶을 살게 된다. 부모가 그런 눈으로 바라봐 주는 아이는 분명 행운아라고 말할 수 있겠다.

중학생은 심리적으로 가장 혼돈스러운 시기이다. 어느 때보다 부모와의 안정적 관계가 필요한 시기다. 이때 부모는 어떤 일이 있어도 아이와 친밀한 관계를 잃지 않겠다는 의지를 가질 필요가 있다. 아이의 공부나 성과 또는 부모의 사회적 체면보다 더 중요한 것이 아이와의 관계다. 부모와 맺는 친밀함이 아이 인생에 가장 큰 영향을 미치는 자산이 되기 때문이다.

인간은 지구 환경에서 가장 적응을 잘해온 종이다. 10대는 인생에서 적응력이 가장 뛰어난 시기이기도 하다. 아이는 부모가 머릿속에서 그리는 이미지를 닮아간다. 부모는 아무리 힘든 일이 있어도 마음속으로 아이를 긍정적으로 그리는 일을 포기하지 않아야 한다.

#중학생은 부모를 비추는 거울이다

중학생은 가장 감정이 쉽게 달아오르는 시기이다. 아이가 터뜨리는 분노를 바라보는 부모의 관점이 중요하다. 아이의 분노는 내면에 충족되지 않은 욕구가 있다는 시급한 메시지를 보내는 것이다. 분노는 내면에 짓눌리고 있는 욕구가 있으니 제발 알아달라는 아이의 외침(Please!)이다.

인간의 모든 행동은 충족되고자 하는 욕구에서 비롯된다. 아이의 감정 너머 채워지지 못한 욕구가 무엇인지 찾는 데까지 나아가는 것, 그것이 사춘기 부모에게 주어진 가장 중요한 과제이다. 아이에게 닥친 위기는 부모가 놓치고 있던 아이의 욕구를 알게 해주는 소중한 기회가 된다.

중학생과 소통할 때 중요한 것은 부모와 동등한 존재로 대하는 것이다. 아이의 감정과 욕구를 부모의 그것처럼 존중해 줘야 한다. 이보다 더 우선돼야 할 일이 있다. 그것은 부모가 자기 자신을 존중해 주고 공감해주는 일이다.

우리는 자신을 이해하는 만큼 타인을 이해할 수 있다. 부모도 마찬가지이다. 부모는 자신의 감정을 공감하는 만큼 아이의 감정을 공감해줄 수 있다. 자신의 욕구를 존중하는 부모가 아이의 욕구도 존중해 줄 수 있다.

인간에게 가장 중요한 관계는 '자기 자신과의 관계'이다. 부모에게도 아이에게도 자기 자신과의 관계가 가장 중요하다. 자기 자신과 관계를 잘 맺는 부모는 질풍노도의 사춘기 아이와도 관계를 잘 맺는다.

아이는 부모를 비추는 거울이다. 아이라는 거울을 통해 부모는 더 성숙한 존재로 성장해 나아간다. 부모가 아이를 키우는 것이 아니라 아이가 부모를 키우는 것이다. 아이는 저절로 큰다. 부모는 아이로 인해 그리고 아이에 의해서 성장하게 된다.

인생사에서 자식보다 인간을 더 성숙하게 만드는 요인은 드물다. 자식의 못마땅한 모습과 불편한 행동들은 부모의 내면을 비추는 거울이다. 우리는 무의식의 어두운 곳에 처박아둔 열등한 성격들을 자식을 통해 대면하게 된다. 심리학에서 말하는, "내 속에 있는 것이 아니면 나를 고통스럽게 만들지 못한다"가 정확히 대변해주고 있다. 부모가 억눌러 뒀거나 숨겨 왔던 것을 아이가 보여주고 있기 때문에 불편하고 괴로운 것이다.

아이를 통해 보게 되는 자신의 열등한 성격을 받아들이지 않는 부모는 아이를 있는 그대로 사랑하기 어렵다. 우리는 자기 자신을 사랑하는 만큼 타인도 사랑할 수 있다. 부모도 마찬가지이다. 못난 자신을 받아들이고 사랑할 수 있을 때 아이를 있는 그대로 받아들이고 온전히 사랑하게 된다.

아이는 부모를 가장 가혹하게 공부시키는 선생이다. 아이가 아니었다면 결코 오를 수 없었던 사다리를 부모는 죽을 힘을 다해 한 계단 한 계단 오르게 된다. 스무 해 동안 아이를 품고 사랑하는 훈련을 마치고 난 부모는 타인을 더 넓고 깊게 사랑할 수 있는 존재로 변모하게 된다.

아이는 부모를 비춰주는 거울이다. 아이를 볼 때 부모는 아이를 보면서 동시에 자기 자신을 보고 있다는 것을 기억해야 한다.

목차

1부

내 세상의 전부,
친구

1장	가장 중요한 첫 친구 사귀기

2부

아이들의 행복과 불행의 원천, 가족

3부

우리도 우리만의 사회가 있어요.
학교 생활

※

1부

내 세상의 전부,
친구

가장 중요한
첫 친구 사귀기

사례 1

교실에 친구가 아무도 없는 아이

선생님이 만들어준 친구

미현이는 중학생이 된 첫날부터 어두운 얼굴로 교실에 앉아 있었다. 다음 날도 그다음 날도 미현이의 얼굴엔 짙은 그늘이 드리워져 있었다. 잔뜩 흐린 날씨 같은 미현이 곁엔 친구가 한 명도 없었다.

그렇게 2주가 지났을 무렵 미현이의 어머니가 담임선생님에게 상담을 요청했다. 방과 후에 교실에서 만난 미현이 어머니는 단정한 인상의 학부모였다. 어머니는 반에서 지영이가 미현이를 따돌리고 있다고 말했다. 지영이는 당차고 활기찬 에너지가 느껴지는 아이였다. 초등학교 6학년 때 사이가 좋지 않았던 지영이가 중학교에서 같은 반이 된 걸 알았을 때부터 걱정이었다고 했다. 지영이가 여학생들 사이에서 교묘히 미현이를 왕따시키고 있다는 것이었다.

어머니의 이야기를 듣고 난 선생님이 조심스럽게 물었다.

"미현이 얼굴이 어두워 보이던데 집에 무슨 일이 있나요?"

어머니는 남편과 심하게 불화를 겪고 있으며 이혼하게 될지도 모르겠다고 담담히 말했다. 선생님이 어머니를 안심시키며 말했다.

"제가 미현이와 친구가 될 만한 여학생들을 찾아 친해지도록 힘써 보겠습니다."

선생님의 말을 듣고 난 어머니는 조금 안심이 된 표정으로 돌아갔다.

다음 날 선생님은 여자 부회장을 남겨 미현이와 가까이 지내보라고 조심스럽게 부탁했다. 부회장은 흔쾌히 미현이와 친하게 지내보겠다고 답해 주었다. 부회장에겐 두 명의 친구가 있었다. 착하고 순한 인상의 아이들이어서 미현이와 잘 맞을 것 같았다.

이틀 뒤 선생님은 네 명의 아이들을 데리고 학교 앞 분식집으로 갔다. 김밥과 쫄면 등을 주문하고 난 아이들은 곧 서먹한 얼굴이 되었다. 선생님이 부회장에게 이런저런 걸 물으면 부회장이 대답하는 식으로 대화가 이어졌다. 미현이는 몹시 불편하고 난처한 기색이었다. 선생님에 의한 친구 만들기의 불편함을 가까스로 참고 있는 듯 보였다. 부회장의 친구들도 어색하긴 마찬가지인 듯했다. 둘이 자주 속삭이는 모습을 보였다. 그런 행동이 미현이의 마음을 더 위축되게 만들었다. 부회장은 미현이에게 질문을 하며 나름대로 친해지려고 애를 썼다. 그때마다 미현이의 짧은 대답이 이어져 대화가 잘 진행되지 못했다.

불편하고 어색한 식사를 마치고 아이들은 뿔뿔이 집으로 돌아갔다. 선생님은 아이들이 함께 첫 만남을 가졌다는 사실에 의미를 부여했다.

그날 저녁 미현의 어머니로부터 문자가 왔다.

– 선생님, 미현이가 더 우울해져서 돌아왔어요. 친구들과 어땠냐고 물어도 통 대답을 안 하네요…

친해질 때까지 시간이 필요해

미현이가 친구를 제대로 사귀지 못한 원인은 부모님의 극심한 불화 때문이었다. 신학기 일주일은 한 해 농사를 좌우하는 '친구 맺기'에 온 힘을 쏟아야 하는 시기다. 부모님이 언제 이혼할지 모른다는 위기감과 두려움으로 미현이는 에너지를 거의 소진한 상태였다. 엄청난 에너지를 필요로 하는 친구 찾기에 쏟을 여력이 없었다.

"누가 나와 성향이 맞을까"라는 기준으로 같은 반의 여자애들을 관찰하는 일, 아이들의 말과 행동을 보면서 성향을 파악하는 일, 눈빛과 표정 등의 신호를 통해 정보를 해석하는 일들이 너무 버거웠을 것이다. 여학생들의 무의식은 표정이 어두운 미현이와 친구가 되기를 꺼렸을 가능성이 높았다.

친구 관계는 부모님도 선생님도 대신 만들어 줄 수 없는 영역이다. 미현이가 마음을 추스르고 힘을 내야 하는 일이었다. 다른 친구들은 서너 명씩 친구가 되어 성벽을 단단히 구축한 상태였다. 미현이가 마음을 열고 성문을 두드리며 관계 속으로 들어가야 했다. 다른 길은 없었다.

학급 단합대회 날 아이들은 두 팀으로 나뉘어 피구와 발야구, 축구 시합을 했다. 운동 신경이 좋았던 미현이는 피구와 발야구에서 자기 몫을 충분히 했다. 저녁 시간엔 몇몇 아이들이 미현이를 챙겨 함께 식당에 가서 밥을 먹었다. 그 모습을 본 선생님은 미현이가 아이들 속으로 들어간 듯해서 안심이 되었다.

다음 날 체육 시간에 선생님은 자신의 생각이 착각이었음을 알게 되었다. 아이들이 원하는 운동을 하는 자유 시간이 주어졌다. 남학생들은 축구와 농구를 하며 연신 땀을 흘렸다. 여학생들은 피구를 하다가 운동장에 앉아 수다를 떨었다. 삼삼오오 모여 앉은 여학생들과 멀찍이 떨어져 혼자 앉아 있는 미현이가 보였다.

선생님은 부회장을 불러 미현이에게 가서 함께 이야기를 나눠 보라고 부탁하고 싶었지만 그 마음을 꾹 눌러 담았다. 지난번 경험으로 교사의 인위적인 조치가 아이들을 더 서먹하게 만든다는 걸 학습했기 때문이었다. 그저 안쓰러운 눈으로 운동장 건너편의 미현이를 바라보는 일이 선생님이 할 수 있는 일의 전부였다.

수업이 끝나기 5분 전쯤 여학생 두 명이 건너편 골대를 향해 걸어가는 모습이 보였다. 두 아이는 미현이 옆에 앉더니 이런저런 이야기를 나눴다. 그 모습을 보며 선생님은 두 아이에게 고마움을 느꼈다.

한 달 뒤 떠났던 수련회에서 미현이는 이전과 사뭇 다른 모습을 보여주었다. 수련회의 가장 큰 스트레스는 어떤 친구들과 2박 3일 동안 같은 방을 쓰느냐는 것이었다. 친한 아이가 없는 방에 배정된다면 수련회 기간 내내 숙소에서 힘든 시간을 보낼 수밖에 없기 때문이다. 방 배정 작업은 쉽게 마무리되지 않았다. 남녀 학생들 모두 친한 아이들 수와 방 인원수가 맞지 않아 결론을 내지 못하다 다음 날 조회 시간에 겨우 조편성을 했다. 미현이는 부회장과 같은 방이 되었다.

수련회 첫날 밤 아이들 방을 둘러보던 선생님은 부회장 방에서 많이 놀랐다. 미현이가 세 친구들과 친해져 스스럼없이 장난을 치고 있었기 때문이다.

다음 날 저녁 캠프파이어 시간에 미현이는 선생님을 더욱 놀라게 만들었다. 마지막 프로그램은 댄스 음악과 함께 춤을 추는 시간이었다. 미현이가 리듬에 몸을 싣고 신나게 춤을 추고 있었다. 저렇게 흥과 끼가 넘치는 아이였다니….

수련회 며칠 뒤 선생님은 미현이의 어머니에게 문자를 받았다. 세 친구들과 함께 주말에 쇼핑을 다닐 정도로 친해졌다고 했다. 선생님은 비로소 미현이의 친구 관계에 대해 마음을 놓을 수 있었다.

미현이는 결국 자기 성향에 맞는 아이들과 친구가 되었다. 어른들이 그렇듯 아이들도 비슷한 성격과 기질끼리 끌리게 되어 있다. 시간과 믿음이 필요한 일이었다. 그 시간 동안 어머니가 딸을 믿고 기다려 준 것이 큰 힘이 되었을 터였다.

부모와 친밀한 관계는 아이 마음의 힘을 길러준다

자식이 고통당하는 모습을 보는 것보다 부모에게 더 힘든 일은 없다. '마음이 미어진다'는 표현은 부모가 되어서야 제대로 이해하게 된다. 마음이 찢어질 듯 아프다. 차라리 부모가 그 고통을 대신해줄 수 있다면 그러고 싶은 마음뿐이다. 반 아이들 모두 끼리끼리 친구가 있는 공간에서 홀로 섬처럼 고립된 존재로 지낸다는 것은 견디기 힘든 고통이다.

하지만 어떻게 해도 부모가 그 고통을 대신해줄 수 없다. 그럴 때 아이를 위해 부모가 할 수 있는 게 아무것도 없는 것 같다. 그렇지 않다. 할 수 있는 게 '아무것도 없는 것 같은' 것일 뿐이다.

사춘기 아이와 잘 지내시나요

언제든 부모는 아이를 '바라봐 줄' 수 있다. 아이를 찬찬히 관찰하며 관심을 보내줄 수 있다. 아무것도 해줄 수 있는 게 없을 것 같을 땐 관심이 사랑이다. 관심을 주는 것이 사랑을 주는 것이다.

아이에게 온 관심을 쏟으며 마음속으로 이렇게 질문해 볼 수 있다. "아이에게 지금 가장 필요한 것은 무엇일까?", "아직은 친구가 없지만, 그래도 괜찮다"는 느낌일 것이다. 교실에서 고립된 섬처럼 지내고 있지만 그래도 '괜찮은' 느낌을 갖게 할 수 있는 길은 있다. 그것은 '엄마와의 관계에서 느끼는' 친밀함이다.

엄마는 아이가 집으로 돌아올 때마다 따뜻한 미소로 맞아 줄 수 있다. 아이를 안으며 환대해 줄 수 있다. 마음속으로 "우리 딸, 괜찮아"라고 말해줄 수 있다. 아이와 함께하는 시간 동안 따뜻하고 부드러운 눈으로 아이를 바라봐 줄 수 있다.

아이가 친구 관계에서 위기를 겪고 있다면, 엄마는 먼저 자신과 아이의 관계를 돌아보아야 한다. 또래와의 정서 통장을 대신 채워줄 수 없지만 엄마와의 정서 통장은 얼마든지 채워줄 수 있다. 아이를 대할 때마다 웃음을 건네주고 따뜻하게 안아줄 수 있다. 마음으로 "엄마에게 넌 지금 이대로 너무 소중하고 사랑스러운 아이야"라고 말해줄 수 있다.

부모는 아이와 건강한 관계를 맺기 위해 자기 자신에게도 관심을 보내야 한다. 엄마 내면의 불안과 무기력이 아이 마음으로 전염되기 때문이다. 부모가 먼저 자신의 감정을 돌보는 일이 필요하다. 자신의 감정을 수용해주는 게 먼저다. 그런 후에야 아이의 감정을 있는 그대로 받아들여 줄 수 있기 때문이다.

가장 중요한 것은 아이의 모습이 어떠하든지 엄마가 있는 그대로 '좋아해 주는' 것이다. 사춘기 아이를 위해 부모가 해줄 수 있는 일은 그게 전부일지도 모른다. 어쩌면 그걸로 충분할 수도 있다. 엄마와의 친밀한 관계에 굳건히 서 있는 아이는 타인과도 친밀한 관계를 맺어나가게 되기 때문이다. 중요한 것은 엄마와 아이 사이에 흐르는 에너지이다.

교실에서 따돌림당하는 아이가 보이면 선생님이 심리적 지지자가 돼줘야 한다. 선생님이 그 아이에게 친밀하고 다정한 모습을 보이면 아이들도 그를 존중하게 된다. 선생님과 친밀하게 연결된 아이는 정서 통장이 넉넉하진 않지만 가난하지도 않은 아이가 된다. 이때 선생님은 아이를 '티 나게' 보호하고 챙겨줘서는 안 된다. 뒤에서 조용히 그러면서도 든든하게 지지해주는 조력자가 돼주는 것이 좋다.

사례 2

첫 친구 때문에
낙인찍힌 아이

웃으며 말을 걸어온 친구

3월 첫 주엔 중학교 교실 어디에나 어마어마한 긴장감이 흐른다. 마치 전쟁이 일어나 총을 들고 대치하는 상태를 방불케 하는 긴장감이다. 이 며칠 사이에 친구를 만들지 못하면 1년이 얼마나 끔찍할지 알기에 아이들은 치열한 눈치싸움을 벌인다.

공부도 잘하고 성격도 좋은 아이들 무리에 끼는 걸 바라지 않는 아이는 거의 없다. 필사적으로 그런 '인싸'에 속하길 바라지만 원한다고 쉽게 이뤄지는 일이 아니라는 것도 아이들은 잘 알고 있다. 중간 정도 무리에라도 섞여 들기를 원하는 아이들은 그런 친구를 눈에 불을 켜고 찾게 된다.

아이들이 가장 두려워하는 일은 '찌질이'로 낙인찍히는 것이다. 그렇기 때문에 찌질이로 찍힐 것 같은 아이와는 절대 친구가 되려 하지 않는다. 그런 취급을 받는 것이 얼마나 고통스러운 일인지 잘 알고 있기 때문이다.

정문이는 중학교에 올라와 현수와 친구가 되면서 학교생활이 꼬이기 시작했다. 초등학교 6학년 때는 순한 남학생 두 명과 친하게 지내며 즐겁게 생활했던 정문이었다. 한부모 가정이었음에도 정문이의 얼굴엔 그늘이 없었다. 적어도 초등학교 교실에서는 그랬다.

3월 첫날 1학년 교실에 들어가 보니 아는 친구가 한 명도 없었다. 1교시가 끝났을 때 자신과 느낌이 비슷한 현수가 웃으며 다가와 말을 걸었다. 현수의 첫인상은 잘 웃고 붙임성이 좋은 아이 같았다. 나중에 알고 보니 현수도 아버지와 형이랑 살고 있었다. 이틀 정도 현수와 어울려 지내다 보니 아이들의 친구 관계가 거의 정리되어 있었다. 그렇게 정문이는 얼떨결에 현수와 '단짝'이 되었다.

현수가 학교를 제대로 나온 건 일주일 정도였다. 둘째 주부터 한두 시간씩 늦게 오더니 3월 말부터 점심시간에 나타나는 날이 많았다. 4월부터 학교에 오지 않는 날이 늘었고, 5월부터는 아예 밥 먹듯이 결석을 했다.

현수가 오지 않을 때마다 정문이는 교실에서 외톨이가 되었다. 아주 이상하고 힘든 느낌이었다. 현수의 결석이 늘어갈수록 정문이가 겪어내야 할 외롭고 힘든 시간들도 늘어갔다. 반 전체가 이미 친구 관계로 단단히 결속되어 있었기 때문에 비집고 들어갈 틈이 없었다.

현수와 대화를 나누는 일이 그리 즐겁지도 않았다. 가끔 학교에 왔을 때 현수가 늘어놓는 이야기들은 아버지에 대한 불만이나 형에 대한 험담뿐이었다. 늘 투덜거리는 현수를 아이들은 곱지 않은 시선으로 바라봤다. 정문이는 현수가 학교에 오면 아이들 눈치가 보여 혼자일 때와 또 다른 고통을 겪었다. 현수가 없으면 외톨이라는 시련을 겪어야 했고, 현수가 있으면 아이들의 불편한 시선에 힘들어졌다. 정문이의 얼굴은 1학기 내내 점점 어두워져만 갔다.

걔가 다가왔을 때 난 망했어

아이들은 정문이를 현수와 같은 부류로 여기는 듯했다. 초등학교 때 친구들과 싸움 한번 한 적 없었던 정문이를 알아주는 아이는 아무도 없었다. 현수의 친구니까 정문이도 똑같이 불량한 아이일 거라고 단정짓는 것 같았다.

정문이는 교실에서 생활하는 일이 점점 버거워졌다. 입학식 날 현수가 웃으며 다가왔던 순간 자신의 운명이 낭떠러지에 떨어진 것만 같았다. 그때 중학교 생활을 망친 거였다는 생각밖에 들지 않았다. 가장 억울하고 힘들었던 일은 현수와 짝이 됨으로써 다른 아이들과의 관계가 차단된 것이었다. 너무 외롭고 힘든데 다른 친구를 사귈 수도 없다는 것이 가장 절망스러웠다.

현수는 6월부터 거의 학교에 나오지 않았다. 그래도 정문이는 길고 고통스러운 시간들을 잘 버텨나갔다. 아무리 힘들어도 학교를 빠지진 않았다. 물론 학교 가기 싫은 날이 없었던 건 아니었다. 학교를 빠진다는 건 자신의 삶을 망가뜨리는 느낌이었기에 그 길로는 끝까지 가지 않았다.

모둠 학습을 할 때 정문이는 누구와 같은 모둠이 되든 마음이 편치 않았다. 어디에 속하든 외톨이였기 때문이다. 그래도 주어진 역할을 묵묵히 해나갔다. 그렇게 시간은 흘러갔다. 언젠가부터 정문이에게 마음의 문을 열어주는 아이가 하나둘 생겨났다. 6월 말 즈음부터였다. 현수가 계속 모습을 보이지 않게 되면서 정문이에게서 현수의 그림자가 조금씩 지워진 때이기도 했다.

정문이는 지각 한 번 하지 않았다. 숙제를 하지 않거나 준비물을 챙겨오지 않는 일도 없었다. 아이들 사이에서 '정문이는 현수와 다른 아이구나' 하는 인식이 생겨났다. 과학 시간에 같은 모둠이었던 아이들이 점심시간에 정문이에게 말을 걸어오기 시작했다. 현수처럼 위험한 아이가 아니라고 느꼈기에 경계심을 푼 것이었다. 현수에 대한 낙인은 위험한 애보다는 찌질한 애라는 것에 더 가까웠다. 정문이는 그렇게 찌질이라는 낙인에서 조금씩 벗어나기 시작했다.

얼마 뒤 정문이는 반에서 존재감은 없지만 조용하고 착한 아이 두 명과 친해졌다. 그러면서 얼굴의 그늘이 걷히고 조금씩 표정이 풀리기 시작했다. 셋이서 친구가 된 아이들은 목소리가 조금 더 커졌고 웃음소리도 더 커졌다. 정문이의 얼굴도 어느덧 초등학교 때처럼 밝고 환해졌다.

아이의 친구 관계는 부모와의 관계가 좌우한다

중학교에서 친구 맺기는 한 해 동안의 행복과 불행이 좌우되는 일이다. 공부나 운동을 못하거나 혹은 소극적인 성격 때문에 아이는 회복되지 못할 정도로 망가지지 않는다. 하지만 친구가 한 명도 없는 것은 아이들에게 감당하기 힘든 스트레스를 안겨준다. 친구가 생길 때까지 지속된다는 점에서 이것은 너무도 가혹한 고통이다. 실제로 그런 일을 겪는 아이의 뇌는 몸이 아픈 것과 같은 고통을 느낀다고 한다. 무리 속에서 혼자라는 느낌은 어른도 감당하기 힘든 고통임이 분명하다.

일 년 동안 이어지는 친구 관계는 장기 레이스라고 볼 수 있다. 싸움과 화해를 자주 반복하며 힘들게 관계를 이어가는 아이도 있고, 중간에 관계가 깨져서 몹시 서먹해지는 아이도 있다. 이런 아이들은 하루 만에 섣불리 친구를 맺는 아이들이다. 처음엔 좀 외로워도 며칠 동안 아이들을 찬찬히 살피다가 느리게 친구를 맺는 아이도 있다. 그런 아이는 친구를 사귄 뒤 한 해 동안 친밀하고 안정적인 관계를 잘 맺어나간다.

교실이라는 사회에서 아이는 부모와 소통하는 방식으로 친구들과도 소통하게 된다. 부모와 비슷한 에너지를 갖고 있는 아이에게 편안함을 느끼기 때문이다. 아이의 뇌는 익숙한 상대와 익숙한 소통을 하는 걸 선호한다. 그러니 부모는 아이의 친구 관계를 걱정하기 전에 자신과 아이의 관계부터 돌아봐야 한다.

어떻게 보면 아이의 친구 관계는 걱정할 일이 아니다. 그런 걱정은 번지수를 잘못 짚은 것이다. 부모와의 관계가 그런 관계를 좌우하기 때문이다. 지금 가정에서 아이의 느낌을 존중하고 아이의 욕구를 수용하며 건강하게 소통하는 것이 중요하다.

그런 부모 밑에서 자란 아이는 학교라는 사회에서 상대의 느낌과 욕구를 존중하는 태도로 생활해나간다. 심리적으로 안정된 아이는 자신과 에너지가 비슷한 아이와 서로 끌리게 돼 있다. 그런 아이들은 쉽게 건강하고 친밀한 관계를 맺어나간다. 설령 무리 중에 자신과 맞지 않는 아이가 있어도 그 친구의 느낌과 욕구를 존중하기 때문에 별다른 마찰 없이 잘 지내게 된다.

사례 3

친해지면
친구를 버리는 아이

왜 좋았던 관계를 지키지 못할까?

3월엔 친구들을 쉽게 사귀고 인기도 높은 아이가 있다. 그런데 이 아이는 시간이 갈수록 친구들과 갈등을 겪다 2학기가 되면 어김없이 따돌림을 당하게 된다. 처음 관계는 잘 맺지만 그 관계를 유지하지 못하는 것이다.

아현이는 작은 키에 예쁘고 똑똑한 외모를 가진 아이였다. 3월 둘째 주 회장 선거에서 똑 부러지게 소견 발표를 해서 무난히 회장에 당선되었다. 첫인상은 에너지가 밝고 긍정적인 인상을 주는 아이였다.

3월 말 간부 수련회를 떠나던 날 아침 아현이는 반 친구들과 애틋한 작별 인사를 나누고 교실을 나섰다. 그런 모습을 보며 담임선생님은 참 교우관계가 좋은 아이라고 생각했다.

그랬던 아현이는 수련회를 앞둔 5월 말경 여학생들 사이에서 공공의 적이 되어 있었다. 점심시간 내내 아현이는 경직된 얼굴로 자기 자리에 앉아 있었다. 그날 선생님은 방과 후에 여학생들을 따로 남겨 아현이와의 관계가 어떤 상태인지 확인해 보았다. 아이들의 입에서 불만과 원성이 터져 나왔다.

"걔는 처음에 친해질 때는 잘해주는데, 친해지고 나면 물건 취급을 해요."

"항상 자기 생각대로만 하려고 하고 다른 사람 말은 하나도 안 들어요. 귀로는 듣지만 다 무시해 버려요."

아이들은 아현이가 사과를 하고 그렇게 행동하지 않겠다고 약속한 후에도 계속 변하지 않는 게 가장 문제라고 했다.

"그 애가 성격을 조금이라도 바꾸려는 모습을 보여 줘야 되잖아요. 그런데 전혀 그러질 않아요."

아현이가 한 번만 더 기회를 달라고 부탁했지만, 기회를 주면 다시 똑같이 행동할 거라서 아이들 마음의 문이 완전히 닫힌 상태라고 했다.

다음 날 선생님은 점심시간에 반 분위기를 살피러 슬쩍 가보았다.

남학생들은 대부분 운동장에 나가 있었다. 여학생 대여섯 명이 교실 앞에서 수다를 떨고 있었다. 아현이는 여학생들 옆에 서서 대화에 끼어들 기회를 엿보고 있었다.

부회장 지은이가 선생님에게 독후감을 얼마나 써야 되느냐고 물었다.

"A4로 한두 페이지 정도 써오면 돼."

부회장과 아이들이 너무 긴 것 같다고 선생님에게 푸념을 늘어놓았다. 그때 아현이가 기회를 포착한 듯 아이들에게 말했다.

"나도 독후감 쓰려고 했는데 아직 못썼어….."

여학생들은 누구도 그 말에 대답해 주지 않았다. 잠시 어색한 침묵이 흘렀다. 아현이는 어떻게든 말을 섞어 보려고 긴장한 얼굴로 서 있었다. 부회장이 그 모습을 보면서 옆에 있던 친구와 마주 보며 웃었다.

빨리 더 많은 친구를 만들어야 돼

담임선생님은 다음 날 아현이를 교실에 남겨 오랫동안 대화를 나눴다. 아현이는 초등학교 6학년 때도 처음엔 친구들과 잘 지냈지만 나중엔 다 자신을 싫어해 왕따를 당했다고 했다. 4학년 때도 비슷했는데, 특이하게 5학년 땐 달랐다고 한다. 그때는 담임선생님과 친구들이 너무 좋았던 때라고 했다.

아현이는 친구들과 오래 못 사귀는 이유가 이기적이고 참지 못하는 자신의 성격 때문인 거 같다고 말했다. 그동안 여러 아이들과 말다툼을 했고 머리채를 잡고 싸운 일도 있었다. 그런 일이 반복되면서 곁에 아무도 남지 않게 되었다. 가장 사이가 좋지 않았던 건 부회장 지은이었다.

선생님이 다른 아이들의 마음을 아현이에게 설명해 주었다.

"아이들은 아현이가 변하지 않을 거라고 믿는 것 같아. 그래서 다시 친구가 되면 또 힘들어질 게 뻔하다고 생각하고 있어. 그래서 아현이한테 마음의 문을 열지 못하는 것 같아."

"저도 노력해서 다시 친해지고 싶어요. 근데 성격이 잘 안 바뀌어요."

선생님이 아현이의 마음을 공감해 주며 말했다.

"아현이는 그동안 왕따를 당할까 봐 여자애들 전부하고 친해져야 한다는 생각을 한 것 같아. 그러느라고 친해진 아이에게 소홀해졌던 거고. 샘 말이 맞니?"

아현이는 고개를 끄덕이며 "네"라고 대답했다.

"아현아, 반에서 많은 아이들과 친구가 될 필요는 없어. 한 명이랑 잘 지내는 게 중요해. 내 편이 한 명만 있어도 왕따는 아니잖아."

아현이는 자신 없는 얼굴로 고개를 끄덕였다.

상담을 마치고 난 선생님은 아현이가 친해진 친구들에게 소홀해지는 것이 두려움 때문이라는 걸 알게 되었다. 또다시 따돌림당하는 신세가 되고 싶지 않은 마음에 가능한 많은 친구를 사귀려 했던 거였다. 모든 여자아이를 자기편으로 만들어도 성이 차지 않는 심리 상태로 보였다. 에너지를 과하게 쏟다 보니 이미 친구가 된 아이들에게 관심을 쏟을 여력이 없었다. 아현이의 그런 태도는 친구들에게 자신만 떠받들어 달라고 요구하는 공주병 환자처럼 보이게 만들었다. 하지만 마음 깊은 곳에선 혼자이고 싶지 않다는 공포가 자리 잡고 있었다.

2학기에도 아현이는 힘든 시간을 보냈다. 그러다 9월 말에 뜻밖의 변수가 생겼다. 아현이를 가장 싫어했던 부회장이 친했던 무리 사이에서 외톨이가 된 것이었다. 1학기 회장과 부회장은 졸지에 같은 처지가 되었다. 동병상련이라고 둘은 조금씩 말을 섞다가 함께 뭉치게 되었다. 아현이는 예상치 못한 일로 외톨이를 면하게 된 것이었다. 각자 교실에서 살아남기 위한 궁여지책이었지만 서로에게 다행한 일임에 분명했다.

자기 자신을 알아가는 공부를 하는 시기

인간의 뇌는 자신을 이해하는 영역과 타인을 이해하는 영역이 동일하다고 한다. 우리는 자신을 이해하는 만큼 타인을 이해할 수 있는 존재이다.

아현이는 다른 아이들의 감정과 생각을 이해하는 능력이 부족했다. 자기 자신에 대한 이해가 부족했기 때문이다. 아현이에겐 자신 안에 있는 두려움을 인정하고 받아들이는 것이 필요했다. 더 많은 아이들을 자기편으로 만들기 위해 온 신경을 집중하느라 이미 친해진 아이들을 소홀히 여겨왔던 자신을 이해할 필요가 있었다.

아현이의 어머니는 딸의 성격을 잘 파악하고 있었다. 어머니도 중학교 때까지 반에서 키가 제일 작았다고 했다. 그래도 고등학교에서 훌쩍 커서 보통 키에 가까워졌다. 어머니는 반에서 가장 작은 아현이가 친구들에게 무시당하지 않을까 늘 걱정을 안고 지냈다. 작은 키의 어려움을 직접 겪어봤기 때문에 딸의 불안한 감정에 더 동일시되었던 것이다. 아현이가 '키가 작다고 무시당하기 싫다'는 자의식을 갖게 된 데에는 어머니의 불안도 한몫했다고 볼 수 있다.

학교 현장에서 '키가 작다'는 것과 '무시당한다'는 것은 그리 상관관계가 없는 변수다. 아이들 사회에서도 얼마나 타인의 마음에 공감할 줄 알고 어떻게 친구에게 마음을 쓰느냐가 관계를 좌우하는 중요한 요소이기 때문이다.

자신의 키에 대해 아무런 생각도 갖지 않는 것이 가장 좋은 자세라고 볼 수 있다. '내가 키가 작아서 무시당할지 몰라'라거나

'키가 작다고 무시하기만 해 봐라'라는 생각을 갖고 있다면 아이들로부터 오히려 그런 행동을 끌어낼 가능성이 높다. 아이가 작더라도 아예 키에 대해 언급을 하지 않고 지내는 것이 현명한 자세라고 볼 수 있다. 그러기 위해선 부모 마음에서 먼저 아이 키에 대한 불안을 놓아 버려야 한다.

담임선생님은 한 해 전 아현이와 비슷한 여학생을 맡았었다. 그 여학생은 자서전 쓰기 과제에서 "1학기엔 잘 지내던 친구들과 2학기 중후반이 되면 갈라서곤 한다"는 고백을 털어놓았다. 다행히 그해는 친했던 친구들과의 관계를 끝까지 잘 유지했다. 글쓰기가 자신을 성찰하는 일에 도움을 준 듯했다. 자서전을 쓰면서 '아! 내가 학년이 끝나갈 즈음엔 친구들에게 소홀해지는구나'라는 걸 알아차리게 됐고, 그걸 조심하게 되자 친구 관계가 깨지지 않을 수 있었던 것이다.

자기 자신을 알아가는 일은 어른에게도 어려운 일이다. 어떻게 보면 인생은 평생 참된 자기를 발견해가는 과정이라고 말할 수 있다. 사춘기는 자신을 이해하는 일이 가장 어렵고 버거운 시기다. 부모는 아이가 스스로 자기 자신을 알아가도록 바라봐 주고 기다려줘야 한다. 아이에게 가장 도움이 되는 것은 부모의 조언이나 충고가 아니다. 아이를 있는 그대로 받아들여 주는 마음이다.

사례 4

외톨이 친구를
챙겨주는 아이

혼자인 친구의 아픔에 공감하다

　1학년 신학기 첫날부터 세영이에겐 아무도 말을 걸지 않았다. 세영이는 교실에서 늘 입을 꾹 다문 채 음울한 얼굴로 앉아 있었다. 쉽게 다가가기 어려운 부정적 에너지가 느껴지는 아이였다.

　학급 단합대회를 하기 전 진행위원 회의를 할 때 담임선생님은 "세영이가 잘 어우러질 수 있도록 힘써 달라"고 부탁했다. 진행위원 중 한 명이었던 하은이는 그 말을 귀담아듣고 필요할 때마다 세영을 돕는 일에 힘써주었다.

　단합대회를 마치고 저녁 먹으러 갈 때 하은이는 다른 친구들과 함께 세영을 챙겨 식당으로 가서 한 식탁에서 밥을 먹었다. 운동을 하고 난 뒤 맛있는 음식을 먹으며 아이들은 왁자지껄 수다를 떨며 신이 났다. 그런 분위기 속에서 세영이도 평소보다 편안해진 얼굴로 이따금 웃기도 하면서 저녁을 먹었다.

다음 날 점심시간에 세영이는 바로 예전의 모습으로 돌아가 있었다. 점심을 먹고 난 아이들이 삼삼오오 운동장 여기저기에 모여 수다를 떨고 있었다. 세영이는 혼자 운동장 구석 벤치에 앉아 있었다.

친구와 점심을 먹고 나온 하은이는 세영이를 보고 친구와 함께 벤치로 다가갔다.

"세영아, 뭐해?"

하은이의 물음에 세영이는 수줍게 웃을 뿐이었다. 하은이와 친구는 세영이 옆에 앉아 두런 두런 대화를 나눴다.

그 장면은 학교에서 볼 수 있는 가장 아름다운 모습이라 일컬을 만했다. 혼자 따로 떨어져 앉아 있는 친구를 향해 손을 잡고 걸어가는 여학생들의 발걸음. 외로운 친구에게 말을 걸고 곁에 앉아 다정하게 대화를 나누는 얼굴들.

하은이는 2주 뒤 체험학습을 갔을 때도 세영이를 살뜰히 챙겨주었다. 점심 먹을 때 함께 먹었고, 집으로 돌아갈 때도 전철역으로 혼자 걸어가던 세영이를 따라가 함께 집으로 돌아왔다.

세영이는 외롭고 힘든 시기에 하은이가 곁에 있어서 힘을 낼 수 있었다. 자신이 가망 없는 외톨이나 찌질이는 아니라는 것을 하은으로 인해 느낄 수 있었다. 그렇게 한두 달이 지난 뒤 세영이는 마음에 맞는 아이들에게 섞여 들어가 '보통의 친구 관계'를 맺을 수 있었다. '보통이지만 절대적으로 중요한' 친구 관계를 맺게 된 것이었다.

외로운 친구에게 도움을 주고 싶어

해마다 담임을 맡은 학생들과 부모님들을 대상으로 <부모님 초청의 밤> 행사를 했다. 학생들은 행사 날 발표할 '부모님 칭찬일기'를 3주 동안 써야 했다. 부모님 몰래 부모님을 칭찬하는 과제가 주어진 것이었다.

삼분의 일 정도의 아이들은 행복해하며 부모님 칭찬일기를 썼다. 삼분의 일 정도는 부모님 칭찬하는 일을 죽을 만큼 고통스러워하며 일기를 거의 쓰지 못했다. 나머지 삼분의 일은 "숙제니까 해야지" 하며 맨숭맨숭하게 부모님을 칭찬했다.

하은이는 부모님 몰래 칭찬하는 일을 유독 즐거워한 아이였다. 그의 칭찬일기에는 부모님과의 관계가 얼마나 친밀하고 살가운지 고스란히 드러나 있었다. 한마디로 하은이는 정서 통장이 든든한 아이였다. 가정에서 충분히 사랑받고 공감받고 있었기 때문이다. 그는 공감 부자였기 때문에 세영이에게 관심과 배려를 나눠줄 수 있었다. 두둑한 정서 통장을 지니고 있었기에 외로운 친구에게 도움을 주고 싶은 마음을 갖게 되었고 기꺼이 행동으로 실천할 수 있었던 것이다.

무엇보다 하은이는 선생님의 마음을 공감해 준 아이였다. 그늘 진 세영이에게 시선이 향할 때마다 선생님의 얼굴에서 안타까움 이 드러나곤 했다. 하은이가 그런 자신을 공감하고 있다는 걸 선 생님도 분명히 느낄 수 있었다.

하은이에게 더욱 놀라웠던 건 상대가 편하게 받아들일 수 있는 방식으로 도울 줄 아는 아이였다는 것이었다. '나 지금부터 너 도 울 거야. 내가 너한테 관심을 베풀어 줄 거야'라는 자세가 하은이 에겐 없었다. 주는 건지 받는 건지 알아차리지 못하게 세영이를 도왔다. 체험학습관에선 혼자 멀뚱거리는 세영이에게 슬쩍 다가 가 웃으며 말을 걸었다. 점심을 먹을 땐 친구와 세영이가 있는 곳 으로 가서 "같이 먹을래?"라고 물었다. 하은이의 말과 행동은 물 이 흘러가듯 티 나지 않고 자연스러웠다.

선생님은 그런 하은이를 볼 때마다 아빠 미소가 나왔지만 몰래 웃었다. 그런 웃음이 하은이의 마음에 흠집이라도 낼까 염려됐기 때문이었다. 대신 교실에서 종례가 끝난 뒤 하은이가 친구들과 "안녕히계세요, 선생님"하며 힘차게 인사할 땐 환하게 웃으며 인 사를 받아 주었다.

"그래, 잘 가라!" 선생님의 인사엔 '하은아, 세영이 세심히 챙겨 주어 늘 고맙다'는 마음이 담겨있었다. 선생님과 눈을 맞추며 하은이도 '선생님, 세영이는 걱정하지 마세요. 제가 잘 챙길게요'라는 듯한 웃음을 건네고 교실을 나서곤 했다. 그야말로 이심전심의 스승과 제자였다.

교실을 살만한 공간으로 끌어올려 주는 아이

외톨이인 아이를 보면서 다른 아이들은 무슨 생각을 하게 될까. '저런 애는 되지 말아야겠다', '찌질한 애가 되는 건 무서운 일이구나'라는 생각을하며 두려움을 느낄 것이다. 그러면서 '아! 나는 저렇지는 않아'하며 안심하게도 될 것이다.

이때 외로운 친구를 보며 두려움을 느끼는 대신 공감을 느끼는 아이가 있다. '아, 불쌍해'하며 동정을 느끼는 아이는 많지만 친구의 고통을 자신의 아픔처럼 공감하는 아이는 드물다. 마음으로 공감하는 아이는 외로운 친구를 돕기 위해 행동하게 된다. 하은이가 그런 아이였다.

세영이가 따돌림의 대상이 됐던 것은 세영이의 에너지가 '그럴 만해서'이기도 했다. 불안하고 어두운 아이의 에너지는 낮은 수준에 머물러 있기에 '먹잇감'이 되기 쉽다. 엄마와의 관계가 친밀하고 안정적인 아이는 평균 이상의 에너지를 갖는다. 그런 아이는 누구도 함부로 먹잇감으로 여기지 못한다. 자신보다 높은 에너지가 느껴지기 때문이다.

하은이의 도움으로 힘을 얻은 세영이는 얼마 뒤 친구를 사귀게 되면서 외톨이 신세를 극복할 수 있었다.

하은이처럼 고립된 아이에게 손을 내밀어 힘을 내게 해주는 아이는 학급의 에너지를 끌어올려 준다. 두려움과 적대감이 물러가게 하고 우정과 공감이 깃들게 해준다. 어떻게 이런 아이로 키울 수 있을까? 부모라면 아이가 반에서 이런 역할을 해주길 모두 바랄까? 그렇진 않을 것 같다. 괜히 남의 일에 끼어들어 해코지라도 당하지 않을까 염려되기 때문이다.

분명한 것은 하은이의 부모님은 딸이 도움이 필요한 아이에게 기꺼이 손을 내미는 사람이기를 바랐다는 것이다. 담임선생님도 반에서 그런 아이가 나타나 주기를 간절히 바랐다. 하은이는 그런 에너지들에 호응하여 몇 달 동안 세영이가 외로움에 처했을 때마다 슬그머니 도움의 손길을 건네주었다. 부모님의 기대, 선생님의 바람, 하은이의 공감과 배려, 세영이의 용기 이런 에너지들이 만나서 교실을 더 살만한 공간으로 만들어 준 것이었다.

사례 5

장애를 지닌 친구의
절친이 돼준 아이

기쁘게 '굿프렌드'가 돼준 친구

성현이는 어린 시절 낙마 사고로 뇌를 다친 뒤 시력과 운동기능에 손상을 입었다. 그로 인해 교실 맨 앞에 앉아 수업을 받아야 했다. 걸을 땐 균형이 제대로 잡히지 않아 몸이 뒤뚱거렸다. 성현이의 곁엔 늘 형 같은 지욱이가 있었다. 지욱이는 이따금 준비물을 챙기지 못할 때가 있는 성현이를 위해 중요한 준비물이 있는 날엔 성현이의 어머니에게 문자로 알려드리기도 했다.

반 구성원이 모두 건강한 에너지를 가진 아이들만 있는 건 아니었다. 어느 학급이나 아이들의 정신적 성숙도 수준은 비슷하다.

20~30% 정도는 높은 의식을 갖고 있고 50% 정도는 중간 수준을 형성한다. 나머지 20~30%는 불안과 두려움이 강한 아이들이다. 어떤 아이들이 주도하느냐에 따라서 그 반의 분위기와 의식 수준이 결정된다고 볼 수 있다.

1학년 5반에도 불안과 두려움이 강한 몇몇 아이들이 있었다. 그런 아이들이 3월 초에 소심한 남학생 한 명을 따돌리며 괴롭힌 일이 있었다. 그때 지욱이가 담임선생님에게 그 사실을 알려 초기에 괴롭힘을 중단시킬 수 있었다.

중1 교실은 괴롭히는 일이라는 것조차 인지하지 못한 채 친구를 놀리거나 따돌리는 일이 빈번하게 일어나는 곳이다. 아이들 내면에 있는 불안과 두려움이 만들어내는 행동이라고 볼 수 있다. 하지만 괴롭힘당하는 아이 입장에선 가혹하기 그지없는 고통이 계속되는 일이다. 그런 일을 모른 체 하지 않고 바로잡기 위해 행동하는 아이들이 필요하다. 지욱이가 그런 아이였다.

도와주는 게 아니라 함께하는 거야

시각 장애를 가진 성현이 덕분에 반 아이들은 두 가지 놀라운 체험을 하기도 했다. 하나는 체험관에서 캄캄한 공간을 돌아다니며 시각 장애 체험을 한 것이었다. 사방에 빛이 하나도 없는 완전한 어둠 속에서 안내자의 목소리를 따라 손에 손을 잡고 방과 복도를 더듬더듬 옮겨 다녔다. 안내자는 능숙하고 친절한 목소리로 체험자들을 안전하게 이끌어 주었다. 수십 분 동안의 험난한 여정 뒤에 안내자의 자기소개를 듣고 참가자들은 깜짝 놀랐다. 그가 다름 아닌 시각장애인이었기 때문이었다. 영화와 소설 속에 나오는 것처럼 눈먼 자들의 세상이 된다면 그들이야말로 진정한 구원자가 될 터였다.

다른 하나는 검은 안대를 착용하고 시각장애인 전용관에서 영화를 본 것이었다. 당시 인기를 끌었던 사극이었는데 성우가 영화의 지문에 해당되는 내용들을 들려주는 방식으로 영화가 진행되었다. 눈으로 보지 않고 귀로만 체험했는데도 영화는 처음부터 끝까지 흥미진진했다. 얼마 뒤 시청각으로 관람했을 때 못지않은 재미와 즐거움을 안겨 준 영화 체험이었다.

아이들은 그런 체험들을 통해서 시력이 약한 것이 그리 불행한 일이 아니라는 것을 느끼고 배울 수 있었다. 시력이 약하기 때문에 가질 수 있는 장점도 분명히 있었다. 게임이나 유튜브의 중독 위험으로부터 자유롭다는 것이었다.

선생님은 성현이와 지욱이에게 이따금 저녁을 사주곤 했다. 그럴 때 성현이는 교실에서와는 전혀 다른 모습을 보여주었다. 밝은 표정으로 친밀하게 대화를 나눴다. 특히 성현이는 교실에서 굳은 얼굴로 미소를 짓고 있던 모습과 달리 잘 웃으며 자유롭게 수다를 떨었다. 자신을 지지해주고 좋아해 주는 이들과 함께 있다 보니 부모님과 있을 때처럼 편안하게 마음을 풀어놓을 수 있었던 것이다.

지욱이는 일 년 동안 한결같이 성현이 곁에서 든든한 동행이 돼주었다. 지욱이한테는 성현이에게 형식적인 도움을 베푸는 거라는 태도가 전혀 없었다. 도우미가 아니라 그냥 '친구'이길 바랐고 꾸준히 그런 친구가 돼주었다.

긍정적 자아정체성은 성취 능력이 뛰어난 아이를 만든다

지욱이의 부모님은 속 깊고 현명한 분들이었다. 아이들이 장애인 친구를 돕는 일로 인해 공부에 지장을 줄 거라고 생각하지 않았다. 장애를 겪는 아이의 친구가 돼주는 일이 그 자체로 소중한 일이라고 믿는 분들이었다.

지욱이는 3년 동안 꾸준히 성현이의 굿프렌드가 돼주었다. 굿프렌드 활동을 하는 동안 지욱이는 스스로에 대해 '나는 어려운 친구를 기쁘게 돕는 사람이야'라고 생각했다. 지욱이처럼 긍정적 자아정체성을 가진 사람은 그렇지 않은 사람에 비해 자기조절력이 더 뛰어나다고 한다.

자기조절력은 지루한 수업을 끈기 있게 버텨내게 하는 힘이며,

미래를 예측하여 성실하게 준비하게 하는 능력이다. 눈앞의 유혹을 참아내게 함으로써 일관된 목표를 향해 에너지를 집중하게 만들어 주는 힘의 원천이기도 하다.

지욱이는 중고등학교 내내 꾸준히 학업 집중력을 잃지 않고 공부에 힘써서 교대에 들어갔고 나중에 초등학교 선생님이 되었다.

3월 말에 <부모님 초청의 밤> 행사를 하던 날 진행위원이었던 지욱이는 주도적으로 행사 준비를 도왔다. 선생님이 진행위원들에게 도서실에 있는 접이식 의자를 행사장으로 갖고 오라고 했을 때였다. 아이들이 세 개씩 들고 낑낑대며 의자를 옮기고 있었다. 선생님이 왜 이렇게 많이 들고 왔냐고 묻자 한 아이가 투덜거리며 답했다. "지욱이가 오른손은 힘이 세니까 두 개씩 들고 가라고 해서요."

부모님들을 모시고 행사를 하는 일에 신이 났던 지욱이는 매니저라도 된 듯 준비에 열을 올렸다. 선생님이 청소하라고 시키지 않았는데도 대걸레를 빨아와 행사장 바닥을 깨끗이 닦았다. 왜 선생님이 시키지도 않은 걸레 청소까지 하냐고 묻자 "부모님들이 오시는데 깨끗하면 좋잖아요?"라며 웃었다.

지욱이는 행사가 진행되는 동안 누구보다 열심히 듣고 박수를 치면서 아낌없는 호응을 보냈다. 지욱이의 자아는 반 아이들과 부모님들 전체와 하나가 된 듯 보였다. 긍정적 자기정체성을 가

사춘기 아이와 잘 지내시나요

진 아이는 자신뿐 아니라 공동체 전체를 이롭게 만드는 소중한 존재가 된다. 뛰어난 자기조절력으로 자기 삶의 성취를 높일 뿐만 아니라 주위 사람들에게도 긍정의 에너지를 널리 퍼뜨리는 행복 전달자가 된다.

2장

아이들의 뇌와 몸을
망가뜨리는 괴롭힘 피해

♥ 사례 1

장난과 괴롭힘 사이에서
고통스러운 아이

자꾸 선을 넘어 괴롭히는 친구

키가 크고 장난기가 많은 현태는 반 아이들과 어울려 노는 걸 즐겼다. 남녀를 가리지 않고 장난을 걸었는데, 웬만한 아이들은 대부분 재미있어했다. 도훈이도 처음엔 현태와 장난치는 게 나쁘지 않았다. 현태가 키가 작다고 놀리면 도훈이도 빼빼 말랐다고 현태를 놀렸다. 현태가 욕을 하면 같이 욕으로 맞받아치기도 했다. 현태는 장난을 치다 친구들 머리를 한두 대 때릴 때도 있었다. 다른 친구들은 욕을 하면서 웃어넘겼다. 현태를 쫓아가 때리려고 하는 아이도 있었다. 현태는 늘 너무 빨라서 잡히지 않았다.

도훈이는 어느 순간부터 현태의 장난을 웃어넘길 수 없었다. 현태의 행동이 괴롭힘으로 느껴졌기 때문이다. 그래서 "하지 마"라고 하며 화를 내거나 욕을 해보기도 했지만 현태는 변하지 않았다.

4월부터는 현태가 놀릴 때 따라서 도훈이를 놀리는 아이들도 생겼다. 도훈이와 부모님은 학교폭력 신고를 더 이상 미룰 수 없었다.

학폭 신고를 받은 생활부장은 도훈이에게 피해 사실을 확인한 뒤, 현태에게도 사실 확인 조사를 했다. 현태는 도훈이를 놀리고 머리를 때린 일 등을 다 인정했지만, 자신도 도훈이에게 피해를 입었다며 억울해했다.

"걔도 제가 지나가면 공부 못한다고 놀리면서 욕했어요. 체육 시간에 같은 조가 됐을 때 '농구 개 못하는 새끼들이 같은 조 됐다'며 욕했어요. 다른 조랑 시합할 때도 병신이냐면서 계속 뭐라고 했고요."

현태는 자신이 피해준 일이 더 많으니 먼저 사과할 마음이 있다고 했다.

방과 후에 도훈이를 다시 불러 추가 사실 확인을 했다. 도훈이도 현태에게 했던 일을 인정했다. 도훈이는 현태의 사과를 받을 마음이 있고, 자신도 욕을 했던 것에 대해 사과하고 싶다고 했다. 이때까지만 해도 학폭위로 넘어가지 않고 순조롭게 해결될 것 같았다.

다음 날 도훈이 아버지는 피해자인 아들에게 사과를 시킬 수 없다고 했다. 그러면서 현태와 함께 놀렸던 아이들까지 학폭 신고를

사춘기 아이와 잘 지내시나요

했다.

두 아이를 불러 조사를 하니 이들 역시 도훈이도 자기들에게 같이 욕을 하며 놀렸다고 했다. 학교에서 있었던 일을 부모에게 말할 때 아이들은 자신이 잘못한 일은 축소하는 경향이 있다. 숨기고 싶은 일들을 굳이 부모에게 밝혀서 이로울 게 없기 때문이다. 아버지가 "왜 네가 사과하느냐"고 다그쳤을 때 도훈이는 자신이 친구들에게 했던 욕과 비난을 더 숨기게 되었을 것이다.

하지만 도훈이의 마음은 다른 두 아이까지 신고했던 건 지나쳤다는 걸 알고 있었다. 교실로 돌아간 도훈이는 내내 반 친구들의 시선을 의식하며 마음이 불편해졌다. 아이들이 현태는 신고할 수 있었다고 해도 어떻게 다른 아이들까지 신고할 수 있었냐고 비난하는 것 같았다. 도훈이는 그날 점심도 먹지 않은 채 조퇴를 했다.

친구와의 밀당 어떻게 해야 하지?

중학교 교실에는 장난의 기준이 높은 아이와 낮은 아이가 함께 지낸다. 어떤 아이는 욕을 하고 한두 대 때리는 행위를 친구들 사이의 장난으로 여긴다. 어떤 아이는 반복해서 별명을 부르는 것도 괴롭힘으로 받아들인다. 장난 기준선의 차이가 큰 아이들이 한 반에 있게 되면 학교폭력 사건으로 이어질 가능성이 높다. 현태와 도훈이도 그런 경우였다.

도훈이는 친구들이 심한 장난을 할 때 자신이 받아들일 수 있는 선을 표현하는 일에 서툴렀다. 속상해하며 참다가 욱하며 화를 내거나 욕을 하는 식으로 대응했다. 친구들은 그런 도훈이를 보고 왜 이런 일로 화를 내나 하며 의아해하다가 나중에 무시해 버렸다.

인생은 기본적으로 '밀고 당기기'를 배워나가는 과정이라고 볼 수 있다. 도훈이는 친구들의 장난이 심해지고 괴롭힘이라고 느껴질 때 '화내기'만 할 게 아니라 다른 방법들을 시도해 볼 필요가 있었다.

친구들이 장난을 쳤을 때 두세 번 정도 웃어넘겨 주다가 더 심하다고 느꼈을 때 정색하며 "하지 마라"고 말할 수도 있었다. 친구들이 자신을 침해한다고 느꼈을 때 "너 원아웃이야. 쓰리아웃 되면 나 화낸다"라고 말하며 여유 공간을 주는 것도 한 가지 방법이었다. 그런 '밀고 당기기'를 통해 자신의 선을 좀 더 명확하게 알려주는 일이 필요했다.

주말이 지난 뒤, 도훈이 부모님의 태도가 바뀌었다. 현태 등의 사과를 받고 재발 방지 약속을 받은 후 학폭 취소 여부를 결정하겠다고 했다. 주말 내내 도훈이와 많은 대화를 나누고 결정한 듯했다.

다음 날, 학생과 보호자들이 상담부실에서 만났다. 먼저 도훈이에게 친구들의 심한 장난과 괴롭힘을 당할 때 어떤 마음이었는지 물었다.

"저를 함부로 대한다고 느꼈어요. 무시당하는 것 같아서 괴로 웠구요."

현태와 남학생 두 명은 도훈이에게 진솔하게 사과를 했다. 가슴에 불만이 남아 있을지라도 아이들은 상대 아이의 부모님이 있는 자리에선 진정성 있게 사과를 하게 된다. 먼저 자신의 부모님이 고개 숙이고 있는 걸 보게 되기 때문에 사과를 제대로 하지 않을 수 없다. 학폭 화해 조정은 아이들의 마음에 값진 교훈을 심어주는 기회가 된다. 자기 부모님이 고개를 숙이는 것보다 더 강렬한 반성을 안겨주는 일은 없기 때문이다.

친구들에게 미안하다는 말을 듣고 난 도훈이는 사과를 받고 나니 마음이 풀린다고 말했다. 이어서 현태에게도 도훈이에게 바라는 게 있으면 말해보라고 했다.

"체육 시간에 같은 농구 조가 됐을 때 도훈이가 저랑 친구한테 욕하고 짜증을 내서 너무 속상했어요. 선생님이 조를 정해주셨던 건데 내가 왜 이런 욕을 들어야 하나 싶었구요."

도훈이와 아버지의 얼굴에서 긴장의 빛이 감도는 게 느껴졌다. 생활부장은 도훈이에게 사과할 의사가 있느냐고 묻지 않았다. 대신 이렇게 물었다.

"도훈이는 현태 말 듣고 어때?"

도훈이가 지체하지 않고 현태에게 말했다.

"네가 같은 농구 조가 됐을 때 화내고 욕한 건 내가 잘못한 것 같아. 미안해."

다른 아이들에게도 도훈이에게 바라는 걸 이야기하게 했다. 그때마다 생활부장은 도훈이에게 친구들 말을 듣고 어떠냐고 물었고, 도훈이는 순순히 자신이 잘못한 것에 대해 사과를 했다. 이럴 때의 사과는 아이들의 본성에서 우러나는 것이다. 아이들은 서로의 마음을 풀어 주는 것이 이후의 일상에 도움이 되리라는 걸 본능적으로 알고 있다. 그렇게 사과와 화해 조정이 무난히 마무리됐다.

다음 날부터 도훈이와 현태는 언제 그런 일이 있었느냐는 듯이 서로에게 말을 걸며 자연스럽게 지냈다. 다른 아이들도 마찬가지였다. 한 가지 달라진 게 있다면 아이들이 도훈이가 지켜주길 바라는 선을 넘지 않으려 애쓴다는 것이었다. 물론 도훈이도 현태와 친구들을 비난하는 말을 삼가려 노력했다.

아이에게 "이 말 듣고 어때?"라고 묻고 이야기할 기회를 줘라

도훈이는 왜 타인이 자신의 선을 넘어올 때 대응하는 일에 서툴렀을까? 그 원인은 부모님과의 소통 방식에서 찾을 필요가 있다. 도훈이의 경우는 부모님이 먼저 아이의 선을 넘고 있는 게 아닌지 돌아볼 필요가 있다. 도훈이의 아버지는 아들에게 관심이 많았고 자주 대화를 나누는 아버지였다. 도훈이가 친구들에게 괴롭힘당하는 걸 알았을 때 아버지는 충분히 아들의 이야기를 들어주었고 어떻게 하는 게 좋을지 조언도 해주었다. 아들의 학폭 신고와 사과 거부 등 모든 일들이 아버지의 계획에 따라 이루어졌다.

도훈이가 현태에게 사과를 받고 자신도 사과하겠다고 했을 때 아버지가 말렸던 것은 아들의 선을 침해한 일이었다고 볼 수 있다. 아들의 본성을 믿고 사과를 받고 화해하게 했더라면 도훈이가 주말 동안 마음 고생하는 일이 없었을 것이다.

도훈이의 부모님은 아이에게 자신의 생각과 느낌을 충분히 표현할 기회를 줄 필요가 있었다. 생활부장이 화해 조정을 하며 사용했던 말이 유용할 것이다. 아이와 대화하면서 자주 이렇게 묻는 것이다.

"엄마 말 듣고 어때?"

이 물음은 너의 느낌과 욕구를 마음껏 표현해 보라는 것이다. 이때 아이는 부모님이 자신의 말을 들을 준비가 되었다고 느끼고 자신의 생각과 느낌을 충분히 풀어내게 된다. 그런 경험을 통해서 아이는 자신이 느끼는 것과 원하는 것을 편하게 표현하는 법을 배워나가게 된다.

아이에게 "이 말 듣고 어때?"라고 자주 묻는 부모가 되자. 부모가 아이의 느낌과 욕구를 중요하게 여기지 않으면 아이도 자신의 느낌과 욕구를 중요하게 여기지 않게 된다. 그렇게 자란 아이는 타인이 자신의 선을 침해했을 때 감정을 표현하는 일에 서툰 사람이 될 수밖에 없다.

사례 2

친구에게
맞고 온 아이

<비빔밥 데이>에 생긴 일

승준이는 반에서 듬직하고 모범적인 아이였다. 1, 2등을 다툴 정도로 성적이 뛰어났고 수업태도도 좋았다. 그보다 더 인상적인 건 1학년 답지 않게 진중하고 차분한 성격이었다. 승준이는 반에서 친구와 다투는 모습을 보인 일이 한 번도 없는 아이기도 했다.

그랬던 승준이가 12월 학급 행사 날 민규와 싸우는 일이 발생했다. 내성적인 편이었던 민규는 이따금 욱하는 성향을 갖고 있는 아이였다. 4교시에 진행됐던 <비빔밥 데이>는 말 그대로 모둠별로 비빔밥을 만들어 먹는 활동이었다. 승준이는 커다란 양푼 그릇과 고추장

사춘기 아이와 잘 지내시나요

담당이었다. 다른 모둠원들은 밥과 나물 들을 준비해 왔다. 승준이는 자신이 가져온 양푼에 밥과 나물, 고추장을 버무려 친구들과 맛있게 비벼 먹었다.

밥을 다 먹고 난 뒤 설거지를 할 때 다른 조 양푼 담당이었던 민규와 충돌이 일어났다. 복도에 나가보니 수돗가에 많은 아이들이 줄을 서 있었다. 승준이는 양푼을 받쳐 들고 순서가 올 때까지 기다리고 있었다. 그때 갑자기 앞에 서 있던 민규가 눈을 부라리며 소리를 질렀다.

"야, 이거 안 치워? 옷에 묻었잖아, 새끼야!"

바지에 묻은 고추장을 손가락으로 닦아내면서 민규가 계속 성질을 부렸다. 양푼을 살펴보니 민규 쪽 모서리엔 고추장이 묻어있지 않았다. 승준이가 양푼을 들어 보이며 따졌다.

"여기 봐. 고추장도 없는데 뭐가 묻었다 그래!"

민규는 승준이의 양푼을 제대로 보지도 않은 채 욕을 계속 내뱉었다. 승준이도 화가 나 "욕 좀 하지 말고 말해"라고 맞받아쳤다. 그때 민규가 들고 있던 양푼을 바닥에 내동댕이치고 승준이의 얼굴에 주먹을 날렸다. 갑자기 얼굴을 맞은 승준이는 어이가 없고 화가 났다. 도저히 참을 수 없는 상황이었다. 승준이가 양푼을 바닥에 놓고 민규를 향해 주먹을 날리려 할 때였다.

"너희들 뭐하는 거니!"

옆 반 수학 선생님이 달려와 싸움을 말리셨다. 민규는 "저 새끼가 바지에 고추장을 묻혀서 그랬어요"라며 화를 냈다. 억울한 건 얼굴을 맞고 한 대도 때리지 못한 승준이었는데 말이다. 승준이는 늘 칭찬만 들었던 수학 선생님에게 싸우는 모습을 보였다는 게 너무 싫었다. 그렇게 선생님의 개입으로 싸움은 어정쩡하게 끝났다.

한 대도 못 때린 게 너무 억울해

승준이는 집에 와서 어머니에게 민규와 싸웠던 일에 대해 이야기했다. 어머니는 민규라는 애한테 엮여 싸움이 일어난 일에 대해 승준보다 더 속상해했다.

승준이는 그날 밤 잠을 이루지 못했다. 자꾸 민규와 싸웠던 순간이 떠올랐다. 분명 민규쪽 양푼 가장자리엔 고추장이 하나도 묻지 않았었다. 양푼이 민규 몸에 닿은 기억도 없었다. 엉뚱한 데서 고추장을 묻혀 놓고 다짜고짜 욕을 한 민규가 이해되지 않았다. 생 짜증을 부리며 욕을 하던 민규 얼굴이 떠오를 때마다 주먹을 날려 주고 싶은 충동이 일어났다.

가장 억울했던 건 무방비 상태에서 주먹질을 당한 뒤 되갚아주려고 했을 때 수학 선생님이 말린 것이었다. 민규와 제대로 붙어 보지도 못했다는 사실이 가장 아쉬웠다. 그 상황까지 본 아이들은 민규가 이겼다고 생각할 게 뻔했다. 민규 얼굴도 자기가 이겼다고 의기양양한 표정이었다. 승준이는 민규의 얼굴을 주먹으로 때리는 장면을 떠올리며 뜬눈으로 밤을 새웠다.

선생님들에게 나쁜 이미지를 보인 것도 너무 억울하고 속상했다. 민규 같은 애랑 싸움이나 하는 학생으로 낙인찍힌 것 같아 계속 화가 치밀었다. 하필 그때 왜 민규 뒤에 서 있다가 그런 일을 당한 건지 이유를 알 수 없었다. 잘못한 게 하나도 없는데 이런 싸움에 휘말리게 됐다는 게 너무 억울했다.

담임선생님은 다음 날 승준이와 민규를 불러 전날 4교시에 무슨 일이 있었는지 자세히 확인했다. 두 아이의 진술엔 차이가 있었다. 민규는 자신이 욕을 한 번밖에 하지 않았다고 했다.

"승준이도 저한테 욕을 했어요. 승준이가 양푼에 고추장도 많이 묻어있었고요."

승준이는 민규에게 욕을 한 사실이 없고 양푼에 고추장도 묻어 있지 않았다고 말했다.

승준이의 어머니는 민규를 학폭으로 신고할 마음은 없다고 했다. 대신에 민규와 민규 부모님에게 사과를 받고 다시는 이런 일을 반복하지 않겠다는 약속을 받아내고 싶다고 했다.

하지만 두 아이의 진술이 어긋한 상황에선 섣불리 사과를 진행할 수 없었다. 승준이가 받아들이기 어려운 사과가 이루어질 가능성이 높았기 때문이다.

승준이 어머니는 아들이 며칠째 잠을 설치는 모습을 보며 속상한 마음을 누를 길 없었다. 집에서 큰소리 한번 내는 일 없는 아들이었다. 어머니는 선생님으로부터 이런 사건은 대부분 아이들끼리 사과를 주고받는 것으로 마무리가 되곤 한다는 말을 들었다.

어머니는 그런 방식으로 마무리해서는 안 된다는 생각이 들었다. 아들의 얼굴에 주먹질한 민규를 학폭위에 넘기고 싶은 마음이 하루에도 몇 번씩 들었다. 하지만 이만한 일로 학폭 신고를 한다면 아이들 사이에서 승준이에 대해 부정적 여론이 생길 수 밖에 없었다. 아이의 또래 정서도 세심히 살필 필요가 있었다.

어머니는 선생님에게 민규 부모님에게도 꼭 사과를 받게 해달라고 요청했다. 민규가 잘못한 일에 대해 정확하게 사과받는 것도 양보할 수 없는 일이었다. 어머니는 승준이가 욕을 하지 않았다는 것과 승준이의 양푼에 고추장이 묻지 있지 않았다는 것도 분명히 밝혀 달라고 요구했다.

담임선생님은 다음 날 민규를 불러 한 번 더 '팩트'를 확인했다. 민규에게 "승준이는 욕을 하지 않았다고 하는데 네가 들은 욕은 무엇이었냐"고 상세히 물었다. 민규는 '씨발'이라고 했던 것 같다며 잘 기억나지 않는다고 했다. 욕에 대해서는 "승준이가 씨발이라고 한 것 같은데 정확히 들은 기억은 없다"고 말하기로 정리가 되었다. 양푼에 고추장이 묻어있었던 것에 대해서도 "고추장을 본 것 같은데 정확히 확인하진 못했다"고 말하기로 했다.

이틀 뒤 양쪽 학생과 어머니들이 모인 자리에서 민규가 승준이에게 사과를 했다. 중간에 위기가 살짝 있었지만 결국 원만하게 화해 조정이 이루어졌다.

승준이는 남은 한 달 동안 어려움 없이 생활하다 겨울방학을 맞았다. 민규는 승준이를 대할 때 행동을 조심하는 게 보였다. 두 아이는 두 달 뒤 무사히 2학년이 되었다.

아이 마음이 충족되는 사과를 받게 해라

인간이 살아가면서 가장 큰 스트레스를 받는 일은 '인간 관계로 인한 갈등'일 것이다. 인간관계 갈등의 가장 심각한 피해는 건강을 잃게 한다는 것이다. 실제로 업무 스트레스나 공부 스트레스로 건강을 잃게 되진 않는다고 한다. 업무를 하거나 공부를 하는 동안에만 스트레스를 받지 그 후에도 스트레스가 이어지는 건 아니기 때문이다.

인간관계로 인한 고통은 관계를 개선하지 않는 한 지속되는 고통이라는 특징을 갖고 있다. 불편한 사람과 함께 지낼 때 마음은 지속적으로 긴장하게 된다.

중학생에게도 가장 힘든 일은 공부와 성적보다 친구들과의 인간관계다. 중학교는 인간관계를 풀어가는 능력을 본격적으로 배워나가는 시기다. 아이들은 다양한 친구와 관계를 맺으며 크고 작은 경험을 겪게 된다. 이때 가장 중요한 것은 상대가 자신의 인간성을 침해했을 때 대응하는 법을 배우는 것이다.

무방비 상태에서 얼굴을 맞았을 때 승준이가 주먹으로 돌려주었다면 나름 맞대응을 한 셈이었다. 하지만 선생님의 개입으로 그럴 수 없어서 피해만 입고 집으로 돌아왔다. 이럴 때는 아이가 입은 피해에 대해 정확하게 사과받는 일이 중요하다. '내가 이만큼 잘못했지만 너도 이 정도 잘못했잖아'라는 식으로 물타기 식 사과가 이루어져서는 안 된다. 제대로 사과를 받을 때 아이 마음이 회복되기 때문이다. 승준이 어머니는 그런 역할을 잘해주었다. 민규의 사과를 받았던 날 민규 어머니가 미안한 마음을 이렇게 표현했었다.

"이런 일이 남자아이들 사이에서 일어날 수 있는 일이지만 먼저 욕을 하고 때린 것에 대해서는 민규가 정말 잘못한 일이에요."

그 말을 듣고 난 승준이 어머니가 민규 어머니에게 따끔하게 말했다.

"어머니! '남자아이들 사이에서 일어날 수 있는 일이지만'이라고 하셨나요? 잘못한 일도 없이 얼굴을 맞은 우리 아이는 며칠 동안 잠도 못 잤어요. 그걸 생각하면 민규를 학폭위로 넘겨 처벌을 받게 하고 싶은 마음이 하루에도 몇 번씩 들어요. 남자애들 사이에서 일어날 수 있는 일이 아니라 아이가 다시는 이런 잘못을 하지 않도록 정신이 번쩍 나게 지도해 주셔야 되는 일이에요!"

승준이 어머니의 호통을 듣고 난 민규 어머니가 자세를 가다듬으며 말했다.

"제가 제 아이 입장에서만 생각했던 것 같아요. 민규가 다시는 이런 행동을 하지 않도록 집에서 단단히 교육시키도록 하겠습니다. 죄송합니다."

그제야 승준이 어머니는 성난 표정을 누그러뜨렸다. 민규도 어머니가 사죄하는 모습을 보고 더 고개를 숙였다.

승준이는 민규와의 갈등을 통해 상대가 선을 넘었을 때 분명하고 단호하게 사과받는 일이 필요하다는 것을 배울 수 있었다. 또 그것이 가능하다는 것도 경험했다. 사실은 주먹으로 되돌려준 것보다 훨씬 더 소중한 경험을 한 것이었다. 감정이 상했을 때 폭력으로 되갚아주지 않고 대화와 타협으로 해결할 수 있는 길이 있다는 것을 배웠기 때문이다.

아이가 갈등 상황에서 주먹이나 욕설 등 폭력적으로 대응하지 않고 대화로 해결하는 법을 배우는 것은 어떤 공부보다 더 중요한 일이다. 살아가면서 겪게 될 갈등 상황에서 현명하게 대처할 수 있는 능력을 키워나가는 것이기 때문이다.

사례 3

선배에게
돈을 뜯긴 아이

자꾸 돈을 빌려 달라는 선배

명주와 친구들은 옆 학교 2학년 선배가 자꾸 공원으로 나오라고 문자를 보내고 돈을 빌려달라고 해서 힘든 날들을 보내고 있었다. 명주는 오천 원과 만 원을 두 번 빌려줬고, 다른 아이들도 조금씩 빌려줬다. 그 선배는 돈을 갚겠다고 해놓고 한 번도 갚은 일이 없었다.

선배가 세 번째 돈을 빌려달라고 했을 때 명주와 친구들은 부모님에게 그동안 당한 일들을 털어놓았다. 부모님들은 학교로 찾아가 피해 사실을 알리고 대책을 요구했다. 가해 학생 학교로 연락해 다시는 후배들을 괴롭히지 말 것과 또 반복했을 경우 학교폭력으로 신고

사춘기 아이와 잘 지내시나요

하겠다는 것을 분명히 알려 달라고 했다. 명주와 친구들이 선배의 보복을 두려워해 학교폭력 신고는 하지 않기로 했다.

옆 학교 생활부를 통해 가해 학생과 부모님에게 그런 내용이 전해졌다. 하지만 다음 날 공원에서 마주친 선배가 명주와 친구를 화장실로 데리고 가 "왜 신고했냐?"고 따지며 욕을 하고 가슴을 밀치는 사건이 일어났다.

명주와 친구들의 부모님들은 다음 날 바로 학교폭력 신고를 했고, 옆 학교로 찾아가 가해학생과 부모를 만나게 해달라고 요구했다. 직접 만나 사과를 받고 다시는 그런 행동을 하지 않겠다는 약속을 단단히 받아내고 싶다고 했다.

금요일 저녁 옆 학교 생활부실로 학생들 다섯 명과 부모님 일곱 명이 모였다. 그 학교 생활부장까지 열두 명이 탁자 앞에 마주 보고 앉았다. 상대 아이는 억지로 나온 티를 팍팍 내며 구겨진 얼굴로 앉아 있었다. 사과하는 태도도 성의가 전혀 없었다.

"쟤네들이 돈을 줘서 받은 거지만… 그래도 돈을 달라고 한 건 미안해요."

명주와 친구 부모님들은 하나도 미안한 것 같지 않은 아이의 표정과 말투에 말문이 막혔다. 명주 어머니가 아이에게 말했다.

"너, 그게 미안하다는 태도니? 하아, 나 참…."

상대 아이 어머니가 딸의 팔을 잡으며 애원하는 눈빛을 보냈지만 오히려 눈빛이 더 사나워질 뿐이었다.

피해 학생 부모님들은 난감하고 막막해졌다. 반성은커녕 뉘우침조차 없는 가해 학생과 화해할 수는 없는 일이었다. 그렇다고 아무 성과도 없이 돌아가는 건 더 막막한 일이었다.

'이제 안전하구나'라는 느낌이 필요해

명주와 친구들에게 가장 필요한 것은 자신들이 안전하다는 느낌이었다. '이젠 저 선배가 불러내지도 않고 돈을 뜯어 가지도 않겠구나'하며 안심할 수 있는 마음이었다. 이대로 집으로 돌아간다면 아이들은 더 큰 두려움에 떨게 될 게 뻔했다. 상대 아이는 학폭위 처벌을 전혀 두려워하지 않는 것처럼 보였다. 교내봉사나 사회봉사를 받은 후에도 다시 불러내고 괴롭힐 가능성이 높았다.

피해 학생 부모님들은 이러지도 저러지도 못하는 처지에 놓인 셈이었다. 화해를 해줄 수도 없고 빈손으로 돌아갈 수도 없었다. 그때 명주 어머니가 상대 아이를 다른 곳에 데려다 놓고 부모들끼리 대화를 나누자고 제안했다.

그 제안은 그날 신의 한 수가 되었다. 잠시 뒤 부모들끼리 대화를 재개했다. 먼저 명주와 친구들에게 어떤 피해를 입었는지 자세히 들었다. 아이들의 말을 다 듣고 난 상대 아이 부모님은 그제서야 딸의 행동이 금품갈취였다는 것과 폭력행위가 있었다는 사

사춘기 아이와 잘 지내시나요

실을 받아들였다. 상대 아이 아버지가 고통스러운 얼굴로 좌절감을 토로했다.

"저희는 지금 부모로서 한계를 느끼고 있습니다. 딸을 혼내기도 하고 달래보기도 했는데 안 되더라구요. 어떻게 해봐도 아이가 저희 말을 듣지 않습니다…."

그 말을 듣고 난 명주와 친구들 부모님들은 착잡한 얼굴로 말을 잇지 못했다. 그래도 어느 정도 부모들끼리는 공감대가 형성된 듯했다. 명주 어머니가 상대 아이와 이야기를 한 번 더 해보자고 제안했다.

30분 정도 혼자 있다 돌아온 아이는 감정이 조금 진정이 된 듯보였다. 일단 명주와 친구들은 밖에 나가 있게 했다. 명주 어머니가 아이에게 말했다.

"우리가 바라는 건 하나야. 계속 동네에서 마주칠 애들이잖아. 앞으로 후배들한테 나오라고 연락하지 말고, 길 가다 마주치면 한번 웃어주고. 그럴 수 있지?"

상대 아이가 고개를 끄덕이며 "네"라고 대답했다. 얼굴에서 자신이 잘못했다는 표정이 나타나기도 했다.

잠시 뒤 명주와 친구들을 들어오게 해 선배에게 사과를 받게 했다. 한 시간이 넘도록 이어졌던 대화는 우여곡절 끝에 화해 조정으로 마무리되었다. 명주와 친구들은 비로소 홀가분해진 마음으로 집으로 돌아올 수 있었다. 명주 어머니의 활약 덕분에 가능한 일이었다.

명주 어머니가 상대 아이에게 진정성 있는 사과를 하게 하고 학교장 자체 해결로 마무리 지은 것은 현명한 선택이었다. 그 후 상대 아이는 명주와 친구들 부모님에게 한 약속을 잘 지켰다. 화해 조정이 되지 않고 학폭위로 넘어갔다면 명주와 친구들은 계속 마음을 졸였을 것이다. 학폭 처벌보다 부모님과 함께 사과를 하게 하는 것, 자기 부모님이 고개 숙이는 모습을 보게 하는 것이 상대 아이로 하여금 잘못을 반복하게 하지 않는 가장 효과적인 방법이다. 명주 어머니는 그것을 잘 알고 있었다.

아이가 명백한 피해를 입었을 땐 학폭 신고부터 해라

학교란 실패를 경험하는 곳이다. 아이가 성장하기 위해선 실패를 겪는 일이 필수적이다. 인간은 실패를 딛고 성장해나가는 존재다. 중학생이 된 아이도 실패를 겪고 감정적으로 힘들어질 수 있다. 그럴 때 부모에게는 아이가 부정적 감정을 느끼는 것에 대해 지나치게 가슴 아파하지 않는 태도가 필요하다. 물론 아이가 힘들어하는 모습을 보는 건 속상하고 안타까운 일이다. 그럼에도 부모는 아이의 부정적 감정에 대해 담대해질 필요가 있다.

길게 보면 인생 전체가 학교다. 인생은 종착지에 도달할 때까지 성장을 향해 나아가는 여정이다. 부모는 아이가 실패를 통해 성장해나갈 거라는 믿음을 갖고 바라봐주는 존재가 되어야 한다.

아이는 다른 학교 선배에게 돈을 뺏기고 협박받는 일을 당할 수 있다. 그럴 때 부정적 감정을 느끼고 고통을 겪을 수밖에 없다. 이때 부모는 함께 흥분하며 호들갑스럽게 대처하지 않는 것이 중요하다. 든든한 날개처럼 아이를 감싸주면서 힘이 돼주는 것이 부모의 역할이다. 명주와 친구들 부모님은 그런 역할을 현명하게 잘해주었다.

한 가지 아쉬웠던 점은 아이가 학교폭력 피해를 입었다는 사실을 알았을 때 바로 학폭으로 신고했다면 더 좋았을 거라는 것이다. 일단 '학폭 신고'를 먼저 하라는 뜻이다. 나중에 상대 아이와 부모의 진심 어린 사과를 받은 후에 학폭 신고 취소를 할 수 있기 때문이다.

상대 아이에게 "또다시 그런 행동을 하면 학폭 신고를 하겠다"는 말과 "학폭 신고 되었으니 접근하면 안 된다. 그렇지 않으면 학폭위에서 더 큰 처벌을 받게 될 것이다"는 말은 전혀 다르게 와닿는다. 후자가 훨씬 강하게 와닿고 이제 연락하지 말아야겠다는 마음을 갖게 만드는 말이다.

학폭 신고를 하고 이틀쯤 후에 "가해 학생과 학부모가 진심으로 사과를 하고 재발 방지 약속을 하면 학폭위를 취하할 수 있다"는 뜻을 알리는 것이 좋다. 실제로는 학폭 신고 다음 날 가해 학생 부모가 '사과를 할 테니 선처해 달라'고 부탁하게 된다. 그럴 때 못 이기는 척하고 사과 자리에 나가는 것이 통상적으로 이루어지는 절차다.

이때 부모는 상대 아이와 부모를 만나 사과받는 일을 꺼리면 안 된다. 상대 부모와 만나 대화하는 자리는 불편한 자리일 수밖에 없다. 하지만 그 불편함을 감내하고 상대 부모를 반드시 만나야 한다. 그 길이 아이가 똑같은 피해를 당하지 않게 하는 최선의 길이기 때문이다.

그 수고로움을 감당하지 않고 아이들끼리 사과를 받게 해서는 안 된다. 아이들끼리의 사과는 진정성 있는 사과가 이루어지기 어렵다. 가해 학생이 약속을 가볍게 여기고 잘못을 반복할 가능성도 높다. 학폭 가해를 행한 아이의 경우 "다시는 그러지 마라"는 경고만으로 자기 행동을 제어할 만한 자제력을 지닌 아이는 드물다. 자기가 피해를 준 아이의 부모를 직접 대면하고, 자신의 부모가 사죄하는 모습을 볼 때 아이는 정신을 번쩍 차리게 된다. 그 상황 자체가 너무 힘들고 곤혹스럽기 때문이다. 다시는 이런 일을 겪고 싶지 않다는 생각이 머릿속에 강하게 새겨진다.

아이가 학폭 피해를 당했을 때는 먼저 학교폭력 신고를 하는 것이 피해를 최소화할 수 있는 길이다.

사례 4

왕따에서 천천히
회복된 아이

선배 '백'만 믿고 나대더니…

정훈이는 학기 초까지만 해도 '잘나가는 아이'였다. 중학교에 올라오자마자 2학년 '노는 누나'들의 사랑을 독차지했다. 일진 선배들과의 친분은 아이들 사이에서 막강한 권력이다. 작고 마른 편이었던 정훈이는 귀여운 외모 덕분에 일진 누나들 사이에서 인기가 높았다. 그러나 그의 봄날은 그리 오래 가지 못했다.

잘나갔을 때 정훈이는 하지 말았어야 할 실수를 많이 했다. 자신의 '백'이었던 2학년 일진들을 너무 믿고 '나댔던' 것이다. 그는 자신보다 큰 남학생에게 담배를 사오라고 했다가 맞을 뻔하기도 했으며,

겁 많은 남학생에게 몇 차례 돈을 뜯기도 했다. 정훈이는 아이들이 자신을 두려워하는 것이 아니라 자신의 '백'을 두려워하는 거라는 걸 몰랐다. 그 백이 얼마나 쉽게 허물어질 수 있는 것인지도….

정훈이는 평범한 아이들에겐 '잘나가는' 것 같은 아이였지만 일진 사이에선 '호구'에 가까웠다. 아이들은 방과 후만 되면 정훈이네 집으로 몰려가 담배를 피우고 술을 마셨다. 정훈이는 작은 슈퍼를 하는 어머니와 단둘이 살고 있었다. 늦은 밤 돌아와 집안에 가득한 담배와 술 냄새를 맡은 어머니는 현관문에 자물쇠를 걸었다. 일진 친구들은 정훈이에게 자물쇠를 따라고 요구하기까지 했다. 그래도 정훈이는 그것만은 거부할 줄 알았다.

아껴주던 2학년 누나들은 얼마 뒤 제대로 소통이 되지 않는 정훈이를 잊어버렸다. 일진 형들 역시 정훈이가 '물주' 노릇을 못하게 되자 그를 외면해 버렸다. 정훈이는 형들이 슈퍼에서 사온 담배를 비싸게 구입해 주는 물주였다. 그러나 그 사실이 어머니에게 발각된 후 용돈을 받지 못하게 되면서 남은 '백'마저 사라져버리고 말았다.

정훈이는 한순간에 찌질이가 되고 말았다. 여자 일진과 싸워서 졌다는 소문이 난 후부터였다. 거품이 빠지고 '작고 왜소한 아이'로 돌아온 정훈이는 교실에서 동네북이 되었다. 그동안 선배들을 믿고 '센 척' 했던 것이 얄미웠던 남학생들이 합심해서 그를 왕따시켰다. 싸움으로는 이길만한 아이가 거의 없었던 정훈이의 삶은 한순간에 바닥으로 떨어지고 말았다. 반에서 싸움 좀 하는 남학생들은 죄다 정훈이의 머리를 때리며 지나갔다. 어떤 남자애들은 점심시간마다 먹을 걸 사 오라고 심부름을 시키기도 했다.

결국 견디다 못한 정훈이는 어머니에게 울면서 모든 고통을 털어 놓았다. 얼마 뒤 학폭위가 열렸다. 그 결과 정훈이를 가장 심하게 괴롭혔던 남학생 1명이 전학을 가게 되었다. 그렇게 정훈이의 파란만 장했던 1학기는 끝이 났다.

애들에게 말 거는 법을 모르겠어

어떻게 보면, 정훈이가 '찐따'가 된 것은 구원받는 것이었다. 정훈이가 일진들과 계속 친하게 지냈다면 더 끔찍한 일들을 겪게 됐을 터였다. 흡연으로 걸려 처벌받는 것은 물론 친구들의 돈을 뺏고 약한 아이들을 때리고 괴롭혀 학폭위에 넘어갔을 것이며 여학생들을 성추행해서 처벌받았을 것이다. 그해 1학년 일진들이 범한 일들이었다.

여자에게 졌다는 소문이 난 후 정훈이는 여학생들에게도 무시 당하는 존재가 되었지만 내면의 성장을 위해 그 일은 필요한 일 이기도 했다.

2학기에도 정훈이의 삶은 크게 달라지지 않았다. 그는 여전히 교실에서 누구도 상대해주지 않는 존재였다. 너무 외로웠던 정훈이는 착하고 만만해 보이는 여학생들에게 말을 걸기 시작했다. 그러나 정훈이의 소통방식은 대화가 아니라 '시비를 거는 것'이었다. 정훈이는 친구들에게 말 거는 법을 배우지 못한 아이였다. 여자애들을 툭툭 치면서 부정적인 말 걸기를 시도하는 정훈이를 상대해주는 아이는 아무도 없었다.

정훈이에게 필요한 것은 '다른 아이들이 원하지 않는 것을 하지 않을 수 있는 능력'이었다. 그러려면 '다른 아이들이 자신의 말과 행동을 어떻게 느끼는지'를 느낄 줄 알아야 했다. 이 위기는 정훈이에게 타인에 대한 공감능력을 배울 수 있는 기회이기도 했다. 어쨌든 정훈이는 아이들이 마음을 열 때까지 기다리며 버티는 길밖에 없었다.

세상일이라는 건 언제나 끝이 오는 법이다. 그러나 그 끝은 어떻게든 버터 낸 사람에게만 찾아온다. 정훈이에게도 마침내 그런 날이 찾아왔다. 여학생들에게도 외면당했던 정훈이는 9월 말 경부터 자기 자리에서 연습장에 그림을 그리면서 지냈다. 그렇게 몇 주가 지난 10월 중순 무렵부터 조금씩 변화가 보이기 시작했다.

정훈이의 얼굴이 전보다 편안해 보였다. 아이들이 놀려도 농담으로 받아치거나 아무렇지 않게 웃어넘길 줄 알았다. 다른 아이들하고 '통하게' 되었다는 표시였다. 1학기부터 자신을 괴롭혀왔던 아이하고도 친하게 지내고 있었다.

정훈이는 그동안 하루 종일 연습장에 그림을 그리며 고통의 시간들을 견뎌냈다. 캐릭터 그리기를 좋아했고 다행히 그림에 소질도 있었다. 아이들이 정훈이의 그림에 관심을 가져주기 시작하면서 소통이 조금씩 시작되었다. 정훈이가 가만히 있게 되자 아이들이 장난도 치고 말도 걸어왔다. 친구를 찾지 않게 되자 친구가 찾아온 것이었다.

사춘기 아이는 '전능감'의 함정에 빠지기 쉽다

중학생이 된 아이는 부모가 상상하지 못한 행동을 하기도 한다. 중학교라는 낯선 세계에 던져진 아이는 바람 앞에 갈대처럼 이리저리 휘둘린다. 그러다 문득 깨닫게 되기도 한다. 자신이 도저히 빠져나올 수 없는 함정에 빠져버렸다는 것을...

초등학생이라는 옷을 벗은 아이는 스스로 '할 수 있다'는 것에 중독되기도 한다. '여친을 사귈 수 있다', '담배를 피울 수 있다', '술을 마실 수 있다', '남들이 부러워하는 존재가 될 수 있다'… 평범한 친구들이 하지 못하는 것을 '할 수 있다'는 것만으로 사춘기 아이는 쉽게 '전능감'에 사로잡힌다. 그럴 때 아이는 '할 수 있음'에 중독될 수 있다. 질풍노도의 십대 뇌에게 '할 수 있다'는 것에 중독되는 것이야말로 가장 위험한 일일지 모른다. 정훈이가 바로 그런 경우였다.

정훈이는 일진 선배들의 귀여움을 독차지할 수 있었고, 술을 마실 수 있었고, 담배를 피울 수 있었고, 일진 여친을 사귈 수 있었다. 그것이 정훈으로 하여금 엄청난 힘을 가진 것처럼 느끼게 만들었다. 하지만 그 힘은 자기 것이 아니었기에 가짜에 불과했다.

일진 선배라는 '백'이 사라졌을 때 정훈이가 당한 몰락은 너무 충격적이었다. 하루 아침에 꼭대기에서 바닥으로 곤두박질친 것이었다. 정훈이는 몇 달 동안 외롭고 비참한 바닥에서 버텨낸 끝에 마침내 아이들에게 받아들여졌다.

정훈이의 그런 변화는 담임선생님에게도 너무 놀라웠다. 10월의 변화된 모습을 보고 선생님이 정훈이의 짝에게 넌지시 물었다. "언제부터 애들이 정훈이랑 친하게 지내게 됐니?"

짝이 싱긋 웃으며 대답했다.

"정훈이가 아무것도 하지 않으면서부터요. 정훈이가 자꾸 끼어들려고 할 때는 애들이 아무도 안 놀아줬거든요. 근데 자기 자리에서 그림만 그리고 있으니까 한두 명이 가서 장난을 쳤어요. 그러면서 같이 놀게 됐어요."

정훈이의 경우처럼 문제가 무엇인지 보이지 않을 때는 일단 멈춰야 한다. 캐릭터 그리기는 정훈으로 하여금 '멈춤'을 가능하게 해주었다. 정훈이가 그동안 아이들과 제대로 소통하지 못했던 것은 '자신의 행동에 대해 친구들이 어떻게 느끼는지' 알아차리지 못했기 때문이었다. 그것은 정훈이의 마음이 쉴 새 없이 일하고 있었기 때문이다. 어른들도 마음이 바쁠 때는 타인의 감정을 알아차리기 힘들다. 정훈이는 자신이 키도 작고 힘도 약하다는 걸 잘 알고 있었다. 1학기 내내 정훈이의 마음은 그런 약점을 딛고 '잘나가는 존재'가 되기 위해 늘 바빴다. 9월까지도 그러했기에 다른 아이들의 감정을 느낄 여유가 없었다. 정훈이가 친구들의 감정을 느끼게 된 것은 그림 그리기를 하면서 마음이 고요해졌기 때문에 가능한 일이었다.

다음 해에도 정훈이는 지극히 평범하고 온순한 아이로 학교생활을 해나갔다. 1학년 초의 과대망상에 가까웠던 모습은 어디에도 없었다.

사춘기 아이는 과도한 전능감에 사로잡혀 자아도취적 행동에 빠져들 수 있다. 이때 부모는 아이의 감정에 충분히 공감해 주는 일에 힘써야 한다. 자신의 느낌을 공감받은 아이만이 타인의 느낌에 공감해 줄 수 있기 때문이다. 사춘기 아이에게 가장 중요한 일은 감정을 존중받는 일이다.

사례 5

친구의 괴롭힘에
맞선 아이

급식판이 부딪치며 일어난 싸움

점심시간에 교직원 급식실로 아이들 두 명이 뛰어 들어와 밥을 먹고 있던 담임선생님에게 소리쳤다.

"선생님! 지금 철우가 규현이를 때리고 있어요…!"

철우는 1학년 때부터 무수한 사고와 말썽을 부리던 아이였다. 2학년에 올라와서도 피시방에서 만난 신입생들의 돈을 뺏은 사건으로 학폭위가 열렸었다. 철우는 학폭위에서 결정된 사회봉사 징계를 계속 받지 않아서 강제 전학의 위기에 몰렸다가, 각서를 쓰고 겨우 모면한 상태였다.

선생님은 먹던 식판을 내버려 두고 교실로 뛰어 올라갔다. 복도에서 친구와 실랑이하는 규현이의 모습이 보였다. 자신을 부축하고 있던 친구의 손을 뿌리치며 규현이가 말했다.

"괜찮다니까! 나 아무렇지도 않다고."

키가 크지 않고 마른 편이었던 규현이는 폭력을 당한 후에도 의연했다. 괜찮냐는 선생님의 물음에도 "아무렇지 않아요"라고 대답했다. 규현이의 모습에서 약해지지 않으려고 애쓰는 남자아이의 노력이 엿보였다.

"일단 보건실에 가 있는 게 좋겠다. 샘이 좀 이따 들를게."

교실에 들어가 보니 철우의 모습이 보이지 않았다. 회장이 걱정스러운 얼굴로 말했다.

"선생님, 철우가 자기 학교 안 다닐 거라면서 나가버렸어요."

철우는 남자애들에게 툭하면 시비를 걸었다. 힘이 약한 친구들에게 폭군처럼 굴던 그를 좋아하는 아이는 없었다. 다른 아이들과 달리 고분고분하지 않았던 규현이는 철우에게 눈엣가시였던 듯했다. 두어 번 가볍게 부딪쳤다가 그날 점심시간에 제대로 맞붙은 것이었다.

규현이가 식판을 들고 자리에 앉으려는데 철우가 부주의하게 돌아서다가 살짝 부딪쳤다. 그로 인해 국물이 철우의 옷소매에 살짝 묻었다. 철우는 그걸 닦으라고 규현이를 다그쳤다. 철우에게 맞서며 규현이가 대답했다.

"싫어! 내가 왜 그걸 닦아야 하는데? 네가 잘못한 거잖아."

그러자 철우가 규현이에게 달려들어 주먹질을 한 것이었다. 다행히 다른 남학생들이 철우를 말려서 폭력은 두어 대에서 멈췄다. 강압적인 아버지 밑에서 자란 철우는 감정조절 능력이 부족해 폭력적으로 행동하는 일이 잦았다. 규현이는 똑같이 폭력으로 맞서지 않고 끝까지 꿋꿋하게 버텼다고 한다. 앞으로 철우는 규현이에게 함부로 시비를 걸지 못할 것이었다. 어떤 어려움이 있더라도 그것에 저항하는 상대에게는 쉽게 같은 짓을 저지를 수 없기 때문이다. 괴롭힘의 대상이 다른 아이로 바뀔지라도 규현이에게 다시 그런 시도를 하긴 어려울 것이다.

한 번 당해주면 두 번 세 번 당하게 돼

규현이의 친구 중에 1학년 때부터 철우에게 줄곧 돈을 뜯긴 아이가 있었다. 2학년 때 같은 반이 되면서 철우는 수시로 그 친구를 찾아와 돈을 빌려 갔다고 한다. 다른 아이들 몰래 반복해서 그런 짓을 한 것이었다. 그로 인해 친구는 가슴이 떨리고 머리가 아픈 증상이 점점 심해졌고, 학교에 나오는 게 두려울 지경에 이르기도 했다.

규현이는 철우 같은 아이의 속성을 잘 알고 있었다. 한 번 당해주면 두 번 세 번 당하게 된다는 걸 말이다. 철우는 자신보다 힘이

센 두 명의 친구 외의 다른 남학생들에게는 제멋대로 굴었다. 친구들에게 피해를 주며 자기 편한 대로 행동했고 욕도 서슴지 않았다.

규현이는 그리 호락호락하지 않았다. 철우가 자신을 침해했을 때 그냥 넘어가지 않고 맞대응했다. 철우가 부주의하게 움직이다 규현이의 식판에 부딪쳐 국물이 자기 옷에 튄 것이었다. 국물에 옷이 젖어서 화가 날 순 있지만 잘못도 없는 친구에게 닦으라고 강요한 것은 선을 넘은 것이었다. 그럴 때 자신이 잘못한 일이 아님에도 싸움이 커지는 게 싫어서 "알았다"며 옷을 닦아줄 수도 있었다. 그러면 철우의 화가 사그라들고 폭력행위가 발생하지 않았을지도 몰랐다.

규현이는 그런 쉬운 길을 가지 않았다. 상대의 잘못을 덮어쓰는 일을 참는 건 그보다 더 큰 화를 불러올 수 있기 때문이었다. 돈을 빌려 가서 갚지 않고 오히려 더 빌려주지 않는다고 화를 내는 행동 같은 것 말이다.

규현이의 친구는 선생님과 저녁을 먹을 때 어렵게 철우에게 당한 일을 털어놓았다. 그 말을 묵묵히 듣고 있던 규현이가 친구에게 말했다.

"철우같은 애가 자꾸 돈을 빌려달라고 하면 정색하고 싫다고 말해야 돼. 그래야 함부로 못 그래."

친구가 자신 없는 목소리로 대답했다.

"그건 나도 아는데… 도저히 못 하겠어."

'할 수 있어서' 계속하게 되는 괴롭힘

아이들에겐 '할 수 있으니까' 계속하게 되는 심리가 있다. 철우도 돈을 뺏을 수 있으니까 친구에게 계속 돈을 강제로 빌리며 뺏은 것이었다. 힘이 세다고 함부로 대해도 되니까 계속 그렇게 행동했던 것이다.

규현이는 그런 철우의 행동에 브레이크를 걸어준 아이였다. 철우는 규현이를 때린 뒤 친구들이 선생님을 부르러 가자 학교를 뛰쳐나가 버렸다. 스스로 선생님한테 혼날 짓을 했다는 것을 인정한 것이었다.

철우의 학교생활은 '할 수 없는 것' 투성이었다. 공부를 잘할 수 없었고, 규칙을 잘 지킬 수도 없었고, 친구 관계를 제대로 맺을 수 없었다. '할 수 없음'에 짓눌린 아이는 '할 수 있음'에서 보상과 만족을 느끼게 된다. 그것이 어긋나고 남에게 피해를 주는 것일지라도 말이다.

철우는 '돈을 뺏을 수 있음', '상대의 기를 꺾을 수 있음', '자신을 두려운 존재로 만들 수 있음'에서 억눌린 감정들이 해소되는 걸 느꼈고, 점점 더 그런 행동에 빠져들어 간 것이었다.

다른 아이들에겐 그렇게 행동해도 저항이 없었다. 규현이는 철우의 '할 수 있음'에 제동을 걸어준 친구였다. 규현이에게 '괴롭힐 수 없음'을 느끼게 해준 것이었다. 그 사건을 기점으로 철우는 교실에서 친구들을 괴롭히는 일이 크게 줄어들었다. 자신의 기세가 통하지 않는 것을 경험한 후 조심하게 됐기 때문이다.

싸움이 일어났을 때 다른 남학생들도 중요한 역할을 해주었다. 적극적으로 철우와 규현이의 싸움을 말렸다. 철우의 입장에선 친구들이 자신의 앞길을 '막은' 것이었다. 반 아이들이 자신의 폭력을 내버려 두지 않는다는 것을 경험케 한 것이었다. 그것이 철우의 마음에 가장 큰 충격을 주었을 터였다. 남자아이들이 자신을 붙잡았을 때 철우는 자신이 남학생 다수의 힘을 당할 수 없다는 걸 분명히 느꼈을 것이다. 자신의 약함과 한계를 느꼈을 때 또다시 같은 행동을 하기란 쉽지 않다.

폭력을 당하거나 폭력행위가 발생했을 땐 지체 없이 담임선생님이나 생활부에 신고하여 그런 행위가 중단되게 해야 한다. 규현이처럼 단호하게 "싫다", "하지 마라"며 거부할 줄도 알아야 한다. 억압되고 짓눌린 사춘기 아이는 '할 수 있음'에 목말라하며 괴롭힘 행위에 중독될 수 있다. 그런 마음 상태일 때 '통하면' 계속 같은 행동을 하게 된다. 그런 아이에겐 '통하지 않네' 하는 저항감을 느끼게 해주는 일이 필요하다. 그래야 '통하지 않는' 대상으로 인식될 수 있기 때문이다.

부당한 일을 당했을 때 당당히 맞서는 아이는 어떤 아이일까? 부모님에게도 자신이 침해당했다고 느꼈을 때 거침없이 자기표현을 할 줄 아는 아이일 것이다. 아이가 자신을 존중해 달라고 거칠게 화를 낼 때 부모는 겉으로는 혼낼지라도 속으로는 '많이 컸구나'하며 대견해할 줄 알아야 한다.

3장

아프게 하는 일인 줄
모른 채 괴롭히는 아이들

사례 1

친구를 괴롭히는
ADHD 아이

걔는 아무도 못 이겨요

충동 조절이 되지 않는 희민이에겐 아이들을 웃기는 재주가 있었다. 중학교 입학 첫날부터 희민이는 선생님들의 말꼬리를 잡거나 말도 안 되는 말대답으로 친구들을 웃게 만들었다. 첫날은 웃길 줄 알고 재밌는 아이로 친구들에게 인상을 심어주었다.

희민이는 웃길 수 있으면 뭐든지 할 수 있는 아이였고, 웃기려는 충동이 제어되지 않는 아이였다. 아이들의 웃음이 터지길 노리며 수업 시간마다 말꼬리 잡기와 말대답하기가 이어져 선생님들은 진도를 나가기 힘들었다.

가정 시간에 성교육 수업을 할 때 희민이는 섹스, 포르노, 레즈비언, 발기부전 등의 말을 쉴 새 없이 내뱉었다. 선생님이 얼굴이 벌개져 뒤로 나가라고 소리치셨다. 희민이는 나가서도 뒷자리 아이들과 계속 떠들어대서 선생님께 혼났지만 막무가내로 행동했다. 제정신을 잃은 아이처럼 교실을 돌아다니며 난동을 부렸다.

희민이에겐 일진이라고 소문 난 고2 누나가 있었다. 중2, 3 일진들도 그 누나가 무서워 희민이를 건드리지 못했다. 당연히 희민이도 아이들 사이에서 일진으로 취급받았다. 희민이는 반에서 무서울 게 없는 아이였다.

희민이의 무법자 같은 행동은 점점 심해져 갔다. 가방을 갖고 다니지 않았던 희민이는 볼펜이나 지우개가 필요할 때마다 아무 책상에서 가져다 썼다. 그러고는 돌려주는 일 없이 아무 데나 버렸다. '나를 때려주세요'라고 쓴 포스트잇을 여학생 등에 붙여 놓고 친구들과 때리는 장난을 치기도 했다. 여학생들 등에 업히거나 헤드락을 하는 일까지 저질렀다.

희민이의 부모님은 각자의 사업으로 바빴다. 아버지는 식당을 했고 어머니는 작은 소매점을 운영했다. 희민이는 다섯 살 즈음부터 누나와 단둘이 저녁을 보냈다. 누나는 사춘기가 된 후부터 밤늦게 집에 들어왔다. 몇 년 전부터 희민이는 혼자 저녁을 차려 먹고 혼자 컴퓨터 게임을 하며 시간을 보냈다. 아이들에 의하면 음란물 중독이라는 말도 들렸다. 부모님은 두 분 다 희민이가 잠든 후에 들어온다고 했다.

4월에 담임선생님은 희민 어머니 가게를 찾아가 상담을 했다. 선생님에게 희민이가 교실에서 하고 있는 행동을 듣고 난 어머니가 웃으며 말했다.

"희민이는 저도 못 이기는 애예요. 집에서 걔 아무도 못 이겨요. 그러니까 선생님들이 잘 잡아주셔야죠."

선생님은 어머니의 태평함에 입이 저절로 다물어졌다. 소득 없는 가정방문을 마치고 맥없이 돌아와야 했다.

여름방학이 2주 앞으로 다가왔을 즈음 희민이가 한 달 동안 친구를 때리며 학대해왔다는 사실이 밝혀졌다. 집요하고 지독한 괴롭힘이었다. 다른 아이들에게 자기 생일 선물을 달라고 협박해서 몇만 원씩 돈을 뜯어낸 일도 드러났다.

여름방학 이틀 전 희민이에 대한 학폭위가 열렸다. 예상대로 전학 처분이 내려졌다.

괴롭히는 일에서 쾌감이 느껴져

희민이는 문장완성검사에서 한 번도 고통을 느낀 적이 없다고 썼다. 매일 혼자 밥을 먹고 컴퓨터와만 지내는 아이가 외롭지도 힘들지도 않다는 건 고통에 대한 감각이 마비되었다는 뜻이었다.

그것은 게임과 음란물 중독과 깊은 연관이 있는 듯했다. 폭력적 음란물과 게임을 날마다 접한 희민이는 어느덧 타인에게 고통을 주는 것에서 쾌락을 느끼는 아이가 된 듯했다.

대여섯 살 때부터 부모의 보살핌 없이 지내야 했던 희민이에게 외로움을 느끼는 건 사치였을 것이다. 그는 외로움이 자신을 아프게 하는 걸 막기 위해 '느끼는 능력'을 퇴화시켜 왔던 것 같다. 쾌락을 느끼는 영역만 남겨둔 채로 말이다. 그래야만 살아갈 수 있었기 때문에….

실제로도 희민이의 학교 생활은 쾌락에 빠져 있느라 고통을 느낄 새가 없었다. 방과 후에는 친구들과 몰려다니며 담배를 피우거나 컴퓨터를 원 없이 했다. 수업 시간에는 친구들을 웃기거나 선생님의 수업을 방해하면서 즐거움을 느꼈다. 문제는 그 쾌락의 강도가 점점 높아져 갔다는 것이었다. 희민이의 쾌락 강도가 높아질수록 친구들과 선생님들이 당하는 고통도 깊어져 갔다.

타인이 고통스러워하는 모습을 즐긴다는 건 자신의 내면이 고통으로 가득 차 있다는 뜻이다. 희민이의 무의식은 홀로 지내야 하는 저녁마다 지독한 외로움과 두려움, 상황을 바꿀 수 없다는 절망감으로 가득했을 것이다. 그 황폐해진 마음이 친구들도 자기처럼 고통스럽게 만들고 싶었던 게 아닌가 싶다.

희민이는 어디에서도 존재를 인정받는 일이 없는 아이였다. 학

사춘기 아이와 잘 지내시나요

교에서는 과잉행동과 부주의로 야단과 비난만 들었다. 가정에서도 희민이를 돌봐주거나 지지해주는 사람이 없었다. 희민에겐 뭐든지 '잘할 수 있는' 일이 필요했다. 그것만이 바닥에 있는 자존감을 끌어올릴 수 있는 길이었기 때문이다. 희민이는 에너지가 넘치는 아이였다. 아이들을 웃기는 재주도 있었다. 희민이는 수단과 방법을 가리지 않고 '웃길 줄 아는' 존재가 되려 했다. 선생님들을 어거지로 이겨 먹고 친구들을 폭력으로 이겨 먹으면서 '교실을 지배하는' 존재가 되려 했다. 마음에 지옥이 가득했던 희민이에겐 타인에게 고통을 주는 것이어도 상관없었다.

희민이의 어머니는 학폭위에서 전학 처분이 내려지자 정신이 번쩍 난 듯했다. 일주일 만에 주소를 다른 구로 옮기고 아들을 전학시켜 버렸다. 한 달쯤 뒤 그곳에서 희민이가 존재감이 없는 아이로 지내고 있다는 소식이 들려왔다. 그가 평범한 아이로 무난히 지내고 있기를 바랄 뿐이었다.

아이가 긍정적 자기 정체성을 느낄 수 있는 말을 들려줘라

과잉행동을 하고 주의가 산만한 아이는 지속적으로 혼나고 야단맞는 일을 당한다. 안타깝게도 부정적인 행동을 지적하며 교정하려는 부모와 교사의 시도는 대부분 성공에 이르지 못한다. 전문가들은 주의력이 결핍된 아이의 '모든 행동'에 관심을 기울이는 것이 중요하다고 말한다. 이런 아이일수록 오히려 긍정적인 피드백이 절실히 필요하기 때문이다.

과잉행동을 하는 아이의 부정적 행동이 다섯 개이고 긍정적 행동이 한 개라면 먼저 긍정적 행동에 초점을 맞춰 칭찬을 해주는 것이 바람직하다. 그것이 부정적 행동을 교정하려는 시도보다 훨씬 더 효과가 좋기 때문이다. 아이가 부모에게 표현을 거칠게 할 때 아이의 말을 지적하며 교정하는 것은 효과가 없다. 바로잡아 주고 싶은 마음을 참고 아이가 긍정적 표현을 했을 때 바로 반응을 해주는 것이 중요하다. 그런 표현이 아이의 긍정적 행동 형성에 더 효과적이다. 이를테면 이런 표현이다. "와, 배가 고팠을 텐데도 엄마한테 '밥 주세요'라고 친절하게 말했네. 친절한 아들 목소리를 들으니까 참 좋다."

ADHD 뇌를 가진 아이에겐 약의 도움을 받는 일도 필요하다. 관련 연구에 따르면 부모들이 우려하는 중독성이나 식욕 부진 등 부작용이 염려할 수준이 아니라는 것이 밝혀졌다고 한다. 약을 꾸준히 복용하는 아이는 안정적이고 집중력 있는 모습으로 조금씩 변해간다. 3개월 이상 꾸준히 복용하는 것이 중요하다.

약 복용 전의 아이는 과잉행동으로 선생님의 지적과 꾸중을 듣기만 했기에 부정적인 자아정체성을 가질 수밖에 없었다. 그랬던 아이가 약 복용과 함께 수업을 집중력 있게 듣고 과제도 해결하면서 칭찬을 듣게 되고 인정도 받게 된다. 긍정적 피드백이 지속적으로 들어가면 아이의 자아정체성도 긍정적으로 바뀌게 된다.

하지만 안타깝게도 ADHD 아이들의 약 복용은 한 달의 고비를 넘지 못하고 중단되는 경우가 많다. 식욕 부진이나 무기력 증상, 아이의 약 복용 거부 의지 등에 떠밀려 부모들이 포기하게 되기 때문이다. 그렇게 되면 아이는 바로 이전 수준으로 돌아가거나 과잉행동이 더 심해지는 결과를 낳게 된다.

중학교에 올라와서 ADHD 약을 복용하는 경우는 성공하는 확률이 그리 높지 않다. 반면에 초등학교 고학년부터 ADHD 약 복용을 생활화한 경우는 아이가 과잉행동증후군 대상자인지 구분되지 않을 정도도 완화되는 경우가 많다.

과잉행동 성향을 타고난 아이에겐 잘한 행동에 관심을 기울여주는 것이 중요하다. 산만한 아이에게 잘못된 행동을 지적하는 건 아이를 더 고통스럽게 만들 뿐이다. 아이의 과잉행동은 부모의 부주의와 결합될 때 더 강해진다는 사실을 잊지 말자. 아이에겐 자신의 '모든 행동'에 관심을 기울여주는 부모가 필요하다.

사례 2

친구 일에 끼어들어
가해자가 된 아이

가족보다 더 가까운 친구

중원이는 한마디로 오지랖이 넓은 아이였다. 중원이의 같은 반 절친과 사이가 좋지 않은 아이가 있었다. 중원이의 절친은 싫어하는 아이 교실로 가서 크게 이름을 불러댔다. 그러면 상대 아이가 복도 쪽을 쳐다봤다. 그때마다 중원이 친구는 창문 밑으로 숨거나 재빨리 자기 교실로 돌아가 버렸다.

상대 아이는 그런 일을 당할 때마다 반 아이들에게 중원이 친구에 대해 험담을 했다. 그 말이 얼마 뒤 친구에게 전해졌다. 중원이 친구는 그 아이에게 문자를 보내 왜 자기 욕을 했냐고 따졌다. 상대 아이

사춘기 아이와 잘 지내시나요

가 욕을 한 사실이 없다고 답하면서 서로 옥신각신 싸움을 하게 됐다.

절친에게 그 일을 전해들은 중원이는 욱하는 마음에 상대 아이에게 문자를 보냈다. '왜 내 친구에게 욕을 했냐'며 사과하라고 협박했다. 그러면서 문자로 욕을 남긴 건 정작 중원이였다. 겁을 먹은 상대 아이는 바로 학폭 신고를 했다. 얼마 뒤 중원이와 친구에 대한 학폭위가 열렸고, 둘은 접근 금지 처분을 받았다.

두 달 뒤 중원이는 다른 친구 일로 다시 학폭위 징계를 받았다. 친구가 다른 학교 남학생과 싸움이 붙은 날 옆에 있다가 연관이 된 것이었다. 이번엔 싸움을 지켜 보던 중원이가 친구가 밀리자 상대 아이에게 자기랑 싸우자며 욕을 한 것 때문이었다. 그 사건으로 중원이는 친구와 함께 교내봉사 처분을 받았다.

중원이의 사건 사고는 거기서 끝나지 않았다. 2학년이 된 후에는 다른 친구와 학교 근처 골목에서 담배를 피우다 단속하던 경찰에게 발각되어 선도위원회 징계를 받았다. 2학년 말에는 수업 시간에 친구들과 빈 교실에 숨어 있는 일이 잦아 다시 선도위원회가 열렸다.

중원이 어머니는 아들을 혼내 보고 달래보기도 했지만 그런 훈육이 통하지 않았다. 중원이의 학교생활은 나아지기는커녕 갈수록 내리막길을 걸었다. 3학년 때는 아예 학교가 오지 않는 날도 있었다. 학교에 오더라도 한두 시간만 수업을 받고 튀쳐나오기 일쑤였다. 학교 밖에 마음이 맞고 잘 놀 수 있는 아이들이 즐비했다. 중원이에게 중학교는 졸업만 하는 게 목표인 곳이 돼버렸다. 이런 상태로 고등학교에 진학한다 해도 졸업이 가능할 것 같지 않았다.

왜 내 친구를 무시해?

중원이에게 친구는 가족과 비슷한 관계로 맺어진 듯 보였다. 어떻게 보면 가족보다 더 친밀하고 끈끈한 관계라고 말할 수 있었다. 초등학교 6학년 즈음부터 중원이는 부모님에게 이해받지 못하는 아이가 되었다. 친구는 부모님보다 더 자신을 이해해주고 공감해 주는 존재였다.

부모님과의 사이가 멀어 질수록 중원이는 친구들에게 마음의 허기를 채우는 아이가 됐다. 아이에게 부모의 이해와 존중은 매일 먹어야 하는 양식 같은 것이라고 볼 수 있다. 6학년 때부터 중원이는 부모님에게 그것을 공급받지 못하며 배고픔을 느껴왔다.

사춘기가 되면서 자기 자신이 낯설어지고 내면이 혼란스러워지는 아이는 이해와 공감을 갈구하게 된다. 부모에게서 그것을 기대할 수 없다고 느끼는 아이일수록 친구에게 더 의존하게 된다. 친구로부터 주어지는 이해와 의리는 부실한 음식에 비유할 수 있을 것 같다. 부모에게 공급받는 것처럼 영양가 높고 안전한 음식이 되기 어렵기 때문이다. 하지만 배고픈 아이들은 불량식품

일지라도 친구로부터 주어지는 것들을 허겁지겁 먹게 된다. 이해 받고자 하는 욕구는 너무 강렬한데 그것이 채워지지 못해 너무 허기가 지기 때문이다.

중원이 어머니는 선생님을 대할 때 여느 부적응학생 부모들과 달랐다. 늘 친절한 목소리와 깍듯한 예의로 정중하게 대화를 했다. 하지만 아들과 대화를 할 땐 그렇지 못했다. 학창 시절에 문제 한 번 일으켜본 적 없었던 자신과 너무 다른 아들이 도무지 이해가 되지 않았다.

3학년이 된 중원이는 부모님에게 학교 다녀주는 걸 고마워해야 한다며 오히려 큰소리를 치고 다녔다. 중학교 졸업은 알아서 할 테니 자기가 사는 방식에 간섭하지 말라고 화를 내기도 했다.

유사 가족이 된 친구, 가족보다 자신을 더 이해해주고 공감해 주는 존재를 건드리는 것은 중원이에게 가족을 건드리는 것과 다르지 않았다. 어쩌면 그 이상의 해를 입는 것으로 느꼈을 수 있었다.

중원이에게 자신의 친구를 건드리는 일은 감히 가족을 건드리는 일보다 더 참을 수 없고 용납할 수 없는 일이었다. 그랬기 때문에 물불을 가리지 않고 뛰어들어 친구를 위해 싸웠던 것이다. 그 결과로 얻은 징계는 자신과 친구에게 훈장과도 같은 것이었다.

부모의 이해와 공감에 굶주린 아이들의 친구 관계는 위험하고 불안정할 수밖에 없다. 어떻게 보면 중원이는 집에서 내내 굶주리다 친구들에게 부실하고 불량한 음식을 얻어먹으며 근근이 살아내고 있는 건지도 몰랐다.

허기진 아이는 일단 먹여야 한다.

부모의 말을 거부하며 반항하는 아이는 정신적으로 허기져 있는 것이다. 사춘기 아이가 이리저리 흔들릴 때 부모는 허기부터 채워줘야 한다.

배가 고플 때 우리는 아무것도 할 수가 없다. 인간의 몸은 허기진 상태에서 노동을 할 수 없도록 설계되어 있다. 인간의 정신도 마찬가지다. 아이가 부모의 부탁이나 요구를 튕겨내는 것은 마음이 허기져 있기 때문이다. 부모로부터 지속적으로 이해와 공감을 받지 못했기 때문이다.

그럴 땐 다 멈추고 아이의 허기부터 채워주는 일에 힘써야 한다. 매일 밥을 먹이듯 이해와 공감을 먹여주어야 한다. 사춘기 아이에게 밥보다 더 중요한 양식은 이해받고 싶은 욕구를 채워주는 것이다.

문제는 자녀와 갈등을 겪는 부모들이 아이의 정신적 양식을 채워주는 방법을 모른다는 것이다. 정신적 허기를 채워주는 첫 번째 방법은 '아이가 지금 여기에서 느끼고 있는 것'을 알아주는 것이다.

오래도록 소통이 단절되었을 경우엔 아이가 무엇을 느끼는지 감이 잘 잡히지 않는다. 그럴 땐 아이의 마음을 상상하고 추측해 봐야 한다. 그런 다음 이런 식으로 질문을 해보는 것이다. "네가 지금 느끼고 있는 게 억울함이니?" 자신의 느낌에 관심을 보이면 아이도 부모에게 관심을 보인다. 느낌과 감정은 인간성의 핵심이기 때문이다. 아이도 자신이 왜 이런 감정을 느끼는 건지 너무나 알고 싶다. 예측할 수 없는 자신의 행동을 낳는 것이 감정이라는 걸 어렴풋이 알고 있기 때문이다.

"넌 지금 억울한 느낌이 드는 거구나. 맞니?" 이런 질문이 대화의 열쇠가 된다. 느낌이 맞을 경우 아이는 "그런 것 같다"고 반응할 것이다. 맞지 않을 경우는 "그게 아니고 이런 것 같아"라고 대답할 것이다. 부모의 현명한 질문이 아이와 대화를 주고받게 만들어 준다. 그게 곧 소통이고 관계의 회복이다.

아이가 지금 느끼고 있는 것을 알아주고 받아들여 주는 것, 아이의 감정을 공감해 주는 것, 그것이 사춘기 아이에겐 밥보다 더 필요한 양식이다. 그걸 먼저 채워줘야 한다. 그래야 허기가 채워진 아이가 비로소 부모의 '말'과 '느낌'에 관심을 가질 수 있게 되기 때문이다.

흔히 식구(食口)를 '함께 밥을 먹는 사이'라고 말한다. 가족에게 밥보다 더 중요한 것은 각자의 '느낌'이 서로에게 받아들여지는 것이다. 어떤 면에서 이해와 공감은 상대의 느낌을 먹는 것과 같다고 말할 수 있다. 우리는 느낌이 받아들여질 때 자신이 이해받는다고 느끼기 때문이다.

부모가 먼저 아이의 '느낌'을 먹어주어야 한다. '아이가 지금 느끼고 있는 것'을 마음으로 받아서 소화시키는 것이다. 그러면 아이도 '부모가 지금 느끼고 있는 것'을 마음 안으로 꿀꺽 삼키며 소화시키려 애쓰게 된다.

아이의 정신적 허기를 채워주는 것은 부모가 '아이가 지금 느끼고 있는 것'을 기꺼이 먹어주는 것이다. 아이가 사춘기가 되면 밥만 함께 먹는다고 식구가 되는 게 아니다. 서로의 느낌과 감정을 알아주고 양식처럼 먹어줌으로써 진정한 '식구'가 되는 것이다. 아이의 거친 감정들도 꼭꼭 씹고 꿀꺽 삼켜서 거뜬히 소화시키는 부모가 되자. 사춘기 아이에겐 그게 사랑이다.

사례 3

습관적으로 친구를
따돌리는 아이

친구들 사이의 조용한 권력자

얼핏 보면 서윤이는 학교생활에 충실하고 선생님들에게 예의도 바른 '범생이과' 아이였다. 그런데 중학교 입학 후부터 서윤이로 인한 따돌림 사건이 끊이지 않고 발생했다. 여자아이들 사이에서 조용한 권력자였던 것이다. 아이들은 서윤이와 친하게 지내면서도 서윤이를 두려워했다.

서윤이의 패턴은 늘 비슷했다. 대여섯 명이 속한 단체 채팅방에서 마음에 들지 않는 행동을 한 아이가 생기면 그 아이를 제외한 채팅방을 만들어 '씹으며' 따돌렸다. 그런 일을 당한 아이는 생활부로 찾아와 눈물을 쏟으며 서러워했다.

생활부로 불려온 서윤이는 사실확인서를 깔끔한 글씨로 성실히 작성했다. 그런 뒤 친구에게 사과하고 싶다고 말했다. 피해를 입은 아이들은 서윤이의 사과를 받아들이고 다시 무리에 속하길 원했다. 사과 행위가 끝난 뒤 서윤이는 절대자의 은총을 내리듯 상대 아이를 다시 받아주었다.

서윤이의 따돌림이 반복되면서 친구들이 하나둘 떨어져 나갔다. 다른 아이들 중에 '잘나가는' 무리에 끼고 싶어 들어오는 아이도 있었지만 서윤이의 친구는 어느새 서너 명으로 줄어들었다.

친구들과 따돌림 갈등이 있을 때마다 서윤이 곁을 지켜줬던 건 은혜였다. 마음에 안 드는 아이를 배제하고 따돌리는 일이 반복되면서 서윤이에게 위험한 순간도 생겼다. 친구들이 모두 피해 입은 아이 편에 서게 된다면 서윤이가 왕따를 당하게 될 판이었다. 그럴 때마다 은혜는 서윤이에게 변치 않는 우정을 지켜주었다.

생활부장은 서윤이가 주도하는 따돌림 사건이 반복될 때마다 '저러다 서윤이도 당하게 될 텐데…'라는 생각을 떨칠 수 없었다. 서윤이의 상황은 점점 아슬아슬해져 갔다. 서윤이는 살얼음판을 걷고 있는 것도 모른 채 보이지 않는 칼을 휘두르고 있었다.

2학년 1학기까지 서윤이는 여왕의 자리를 굳건히 지키고 있었다. 2학기에 서윤이는 여학생들에게 인기가 높았던 준서와 사귀게 되었다. 선망의 대상이었던 준서와 커플이 되면서 서윤이는 무서울 게 없는 존재가 되었다. 준서와 성격도 잘 맞아 몇 달째 깨지지 않고 잘 지냈다.

준서와의 관계에 치중하면서 서윤이는 여자애들에게 소홀해졌다. '찐친'이었던 은혜에게도 무심해졌다. 어느덧 서윤이는 은혜를 무시하고 막 대하기 시작했다. 쉬는 시간이나 점심시간에 준서와 놀다가 은혜에게 교과서나 수업 준비물을 갖고 오라고 자주 심부름을 시켰다. 처음엔 미안해하며 부탁하더니 나중엔 당연히 해야 하는 일처럼 명령을 했다.

그러다 서윤이가 다른 친구 한 명을 따돌리는 사건이 다시 발생했다. 이번엔 친구들의 반응이 심상치 않았다. 그동안 서윤이에게 상처받은 아이들이 똘똘 뭉쳤다. 은혜마저 자신을 종처럼 부렸던 서윤이에게 마음이 돌아섰던 게 결정적이었다.

서윤이는 일순간에 따돌림당하는 존재가 되고 말았다. 자신이 그토록 경멸했던 '찌질이'가 되고 만 것이었다. 생활부를 찾아온 서윤이는 혼이 나간 얼굴로 자신이 당한 피해를 털어놓았다. 벌겋게 달아오른 얼굴로 서윤이는 얼이 빠져 있었다. 마침내 아슬아슬했던 얼음판이 깨져버린 것이었다.

준서와의 관계가 깨진 건 물론이었다. 여왕의 자리에게 밑바닥으로 내려온 서윤이를 준서는 끝내 지켜주지 못했다. 그건 여자애들이 선망하는 대상이었던 서윤이에게는 감당할 수 없는 일이었다. 서윤이는 남자친구와의 관계에 올인하다가 모든 것을 잃게 된 셈이었다.

엄마를 무서워하면서 엄마를 닮아갔어

유난히 아이를 잘 잡는 부모가 있다. 아이에게 카리스마가 통하는 부모다. 서윤이의 어머니도 그런 경우였다.

서윤이의 어머니는 딸에게 무섭고 엄격한 부모로 소문나 있었다. 어머니는 타고난 카리스마와 엄한 양육법으로 딸을 잘 관리하고 있는 듯 보였다. 서윤이의 따돌림 행위는 어머니의 엄한 양육법과 무관하지 않다고 볼 수 있었다. 어머니의 권력에 억눌려온 서윤이는 친구들을 따돌리는 행위를 통해 보상받고자 했다. 어머니처럼 권력을 휘두르는 것에서 만족감을 얻고자 했다. 자신도 모르게 미워하고 있던 어머니를 닮아가고 있었던 것이다.

서윤이는 이틀을 결석했다. 3일째부터 학교에 나온 서윤이는 꿋꿋이 학교생활을 해나갔다. 더 이상 여학생들의 우두머리가 아니었다. 아무 존재감이 없는 아이로 조용히 지냈다. 그토록 가혹한 상황에서 친구들의 따가운 시선을 이겨내며 학교를 다니게 만든 어머니의 힘만은 인정할 만했다.

힘에는 긍정적인 힘이 있고 부정적인 힘이 있다. 긍정적인 힘은 약자를 위해 사용되는 힘이고 세상을 이롭게 하는 힘이다. 부정

사춘기 아이와 잘 지내시나요

적인 힘은 강자를 위해 사용되는 힘이고 세상을 해롭게 하는 힘이다. 서윤이 어머니의 힘은 부정적인 힘에 가까운 것이었다. 딸의 자기통제감을 억누르며 어머니의 뜻을 따르게 하는 강제력이었다.

서윤이는 어머니의 강제력에 이끌려 통제당하는 삶을 살아야 했다. 어머니의 힘은 서윤이가 감히 넘어설 수 없는 벽이었다. 서윤이는 어머니의 강제력에 고통을 당하면서도 그 힘에 끌렸다. 자신도 그런 힘을 갖고 싶었고 누군가에게 휘두르고 싶었다.

서윤이는 자기보다 약한 아이, 힘에 짓눌릴 만한 아이에게 자신의 강제력을 사용했다. 서윤이의 힘은 과감하고 단호했다. 성에 차지 않는 아이가 있으면 가차 없이 삭제시켜 버리고 단톡방을 만들었다. 보통의 초등학교 5, 6학년들은 상상할 수 없는 빠르고 단호한 행동이었다. 친구가 한순간에 비참함의 나락으로 떨어진 것을 본 아이들은 서윤이를 두려워하게 되었다. 보이지 않지만 확실한 서윤이의 칼춤에 퍼렇게 놀랐다. 하지만 권력은 오래가지 못했다. 부정적인 힘이고 일시적인 힘이었기 때문이다.

서윤이는 은혜에게만은 강제력이 아닌 참된 힘을 나누고자 애썼다. 가장 친밀하고 가장 잘 통하는 친구였기 때문이다. 그랬던 서윤이는 친밀한 대상이 남자친구로 바뀌면서 은혜도 부정적인 힘으로 지배하게 되었다.

강제력은 타인을 지배하려는 힘이다. 힘에 사로잡힌 아이는 한 명이 따돌림당하도록 친구들을 조종하는 일에서 만족감을 느낀다. 자신을 두려워하는 시선에서 쾌락을 느낀다. 자신의 지배권 안으로 들어오고 싶어 하는 눈빛을 보며 기쁨을 느낀다. 참된 힘은 결코 그런 것에서 기쁨이나 만족을 얻지 않는다.

부모도 틀릴 수 있다는 자세로 아이를 대해라

참된 힘은 사랑에서 나오는 힘이다. 아이를 있는 그대로 받아들이고 아이의 자발성을 존중해 줌으로써 아이가 자신의 본성을 찾아가도록 이끌어 주는 힘이다. 부모의 긍정적인 힘에 이끌리는 아이는 세상 속에서 평화와 사랑, 기쁨을 얻고 또 그것을 나누는 삶을 살게 된다.

아이를 옥박지르고 욕하는 말은 폭력을 가하는 말이다. 하지만 이런 말들이 아이를 가장 파괴하는 말은 아니다. 이보다 더 폭력적인 말이 있다. 아이를 가장 무너뜨리는 말은 "해야만 한다"는 말이다.

서윤이 어머니의 "해야만 한다"는 강제력에 더해져 딸을 가혹하게 몰아붙여 왔다. '아이는 부모의 말에 군소리 없이 따라야 한다', '부모가 돈을 내 다니는 학원은 반드시 빠지지 말아야 한다', '친구들과 놀다가도 저녁 식사 전엔 들어와야 한다', '음식을 먹을 땐 흘리지 않아야 한다.', '언니한텐 절대 대들면 안 된다'… 어머니의 "해야만 한다"는 서윤이의 가슴을 압박해 오고 숨통을 조여 왔다.

　서윤이는 어머니가 보지 못하는 단체 채팅방에서 친구들에게 칼자루를 휘두르며 어머니에게 받지 못한 인정을 얻으려 했다. 그 방식은 타인에게 고통을 주는 폭력적인 방식이었다. 따돌림당하는 아이가 얼마나 힘들고 아픈지, 얼마나 상처가 깊은지 등은 서윤이의 관심사가 될 수 없었다. 어머니의 "해야만 한다"에 찔리고 다친 마음에서 피가 철철 흐르고 있었기 때문이다.

　어머니의 강제력은 서윤으로 하여금 어머니의 인정을 받지 못할까 봐 두려워하게 만들었고 어머니의 인정을 받기 위해 애쓰게 만들었다. 자신의 일부를 고갈시키게 만들었다. 부모의 "해야만 한다"는 잣대에 맞게 아이가 행동할 때만 인정해주는 건 아이의 일부를 파괴하는 것이다.

　어머니에게 존재 자체로 인정받지 못하는 아이는 서윤이처럼 타인을 지배하는 방식으로 인정 욕구를 충족시키려 한다. 스스로 알지는 못했겠지만, 서윤이는 어머니에게 당한 폭력을 다른 아이들에게 앙갚음하는 방식으로 풀려 했던 것이다.

　부모는 아이의 평범함을 인정해주고 좋아해 주어야 한다. 어머니가 '존재 자체로 사랑스럽다', '지금 이대로 괜찮다', '너 자체로 충분하다'는 눈빛을 보내 준다면 아이는 물을 받은 식물처럼 살아날 것이다. 아이들은 저마다 놀라운 회복력을 지니고 있다. 서윤이의 치유와 회복이 가능해지기 위해선 어머니 마음에 새겨져 있는 '해야만 한다'를 놓아 버려야 한다.

서윤이 어머니에게는 이런 마음이 필요하다.

"내가 틀릴 수도 있다."

'내가 틀릴 수도 있다'는 태도는 인간관계의 갈등을 풀어 주는 황금열쇠다. 머릿속에 떠오르는 생각들을 의심할 필요가 있다. 대부분 어린 시절 부모에게 주입된 생각이거나 그 사람이 자라온 사회가 새겨놓은 것들이기 때문이다.

진정한 기쁨과 행복은 자신의 본성, 자신의 내부에서만 느낄 수 있다. 아이에게 '해야만 한다'를 이뤄내라고 요구하는 것은 외부에서 행복을 찾게 하는 것이다. 가짜 기쁨을 구하게 하는 것이다.

부모도 틀릴 수 있다. 아이에게 "이건 엄마가 잘못한 것 같아. 우리 딸, 미안해"라고 말하는 일이 자연스러운 부모가 되자. 그러면 아이와 동등한 관계를 맺게 될 것이고 아이로 하여금 진정한 자유로움을 느끼게 만들어 줄 것이다.

사례 4

후배들을
'참교육'한 아이

싸가지 없는 후배는 혼나야 돼

인혁이는 평소 2학년 후배들이 선배 대접을 제대로 하지 않는 것에 불만이 많았다. 자신은 선배들에게 깍듯이 인사하며 하늘같이 대했는데 후배들은 선배들을 '개무시'하는 것 같았다.

　인혁이와 친구는 마음에 들지 않았던 2학년 남학생 세 명을 점심시간에 분리수거장으로 모이게 했다. 그동안 건방지게 군 행동에 대해 따끔하게 혼낸 뒤 구십 도로 인사를 하라고 단단히 교육을 시켰다. 아이들 용어로 '참교육'이었다. 그중 눈엣가시 같았던 2학년 두 명에겐 핸드폰을 열어 보여달라고 하기까지 했다. 둘이 3학년들을 욕하고 다닌다는 소문을 들었기 때문이다. 한 명은 교실에 두고 왔다고 둘러댔지만 다른 한 명은 엉겁결에 꺼내주고 말았다.

인혁이는 SNS에서 둘이 나눈 대화들을 보며 얼굴이 뜨거워지는 걸 느꼈다. 자신의 얼굴이 재수 없게 생겼다고 한 말과 다른 친구에게 돼지처럼 뚱뚱하다고 한 말을 찾았기 때문이었다. 그 내용 외에는 왜 만날 선배라고 우리를 집합시키느냐는 하소연과 넋두리가 대부분이었다. 인혁이가 후배들에게 명령했다.

"너희랑 같이 축구하는 애들까지 전부 오늘 수업 끝나고 여기로 모이라고 해."

인혁이와 친구는 방과 후에 분리수거장에 모인 2학년 여섯 명의 핸드폰을 전부 꺼내게 해서 SNS 검사를 했다. 그들의 핸드폰에는 자신들을 욕한 내용이 없었다. 그랬음에도 인혁이는 후배들에게 매일 점심시간에 분리수거장으로 모이라고 했다.

다음 날 분리수거장에서 다시 욕을 듣고 나온 2학년들이 생활부로 학교폭력 신고를 했다.

이튿날 2학년 학부모들이 흥분한 얼굴로 찾아왔다. 그리고 3학년들의 진심 어린 사과를 받으면 학폭 신고를 취소하겠다는 뜻을 전해왔다. 그 말을 들을 때까지만 해도 사건이 어렵지 않게 풀릴 것 같았다. 하지만 방과 후에 찾아온 인혁이 어머니와 다른 어머니를 만난 뒤 그것이 착각이었음을 알게 되었다.

두 어머니는 자신의 아이들이 잘못한 게 하나도 없다고 굳게 믿고 있었다. 인혁이 어머니가 얼굴에 핏대를 올리며 말했다.

"우리 인혁이가 도대체 뭘 잘못했다는 거죠? 후배들이 선배에게 인사를 할 줄 알아야죠. 그런 후배들 불러서 인사 잘하라고 할 수도 있잖아요! 선배가 그런 말도 못합니까? 핸드폰도 그래요. 인혁이가 후배들한테 다 허락을 구하고 본 거 아니에요? 문제가 될 게 있었으면 자기들이 보여 주지 말았어야지!"

다른 어머니 역시 한 발도 물러서지 않았다. SNS 메시지 내용이 친구들 사이에 알려져 아이가 정신적 피해를 입었다며 자신들도 학교폭력으로 신고하겠다고 큰소리를 쳤다.

두 어머니는 "피해를 입은 건 3학년들인데 왜 우리 애들을 가해자로 만드느냐"고 큰소리를 쳤다. 그러고는 교장실까지 찾아가 소송을 걸겠다는 협박을 한 뒤 돌아갔다.

걔네가 먼저 잘못한 거니까 난 잘못 없어

인혁이와 친구는 자신들은 피해자일 뿐이라고 굳게 믿고 있었다. 후배들이 버릇없이 인사를 제대로 하지 않았기 때문에 벌어진 일이므로 자신들에겐 아무 잘못도 없다는 것이었다.

인혁이와 친구는 우선순위에 있는 일부터 처리해야 했다. 주 사안은 3학년들이 2학년들을 강제로 집합시키고 핸드폰을 열게 해

개인정보를 침해한 것이었다. 이 중심 사안에 대해 사과하지 않고는 문제를 풀어갈 수 없었다. 그런데 3학년 아이와 부모들은 후배들이 인사를 하지 않고 자기들끼리 험담한 일부터 문제 삼았다. 그것은 후순위 사안이었다. 우선 사안에 대해 사과를 한 뒤에 후순위 사안에 대해서 사과를 받으면 되는 것이었다. 그것이 문제를 풀어가는 순서였다.

하지만 인혁이와 친구는 '후배들이 먼저 잘못한 거니까 우리는 잘못이 없다'는 자세를 굽히지 않았다. 3학년들은 자신들이 강제로 후배들을 집합시키고 핸드폰을 열게 한 것은 잘못한 게 아니라고 확신하고 있었다. 부모의 생각은 아이들보다 더 확신이 강한 듯 보였다.

3학년 아이들과 부모들의 뇌는 평소와 완전히 다른 상태로 보였다. 학폭 사건이 발생하기 이전의 인혁이와 친구는 그저 운동을 좋아하는 아이들이었다. 수업 시간에 에너지와 활기가 넘쳤고 선생님께 예의도 바른 아이들이었다. 2학년 후배들과 자존심을 건 싸움을 하는 동안 그들은 평소 모습을 완전히 상실한 상태였다.

인혁이와 친구는 2학년들과의 학폭 사건을 전쟁으로 받아들이고 있었다. 학폭 사건을 반드시 이겨야 하는 싸움으로 여기고 있었다.

인혁이와 친구는 '버릇없는 후배들의 기강을 잡는 일은 마땅히 해야 하는 일이다.' '선배가 후배에게 인사를 잘하라고 하는 것은

사춘기 아이와 잘 지내시나요

충분히 있을 수 있는 일이다.' '핸드폰을 열게 해 문자 내용을 본 것은 허락을 받고 한 일이기에 잘못이 없는 행동이다'라고 믿고 있었다. 그렇게 자신들의 행동을 모두 합리화하고 정당화했다.

3학년들의 피해자 의식은 부모들에 의해 강화된 것이기도 했다. 부모님들까지 2학년들을 적으로 여기고 있었기에 상대를 향한 적대감이 더 증폭된 것이었다. 부모님의 동조에 힘입어 인혁이와 친구는 자신들의 생각이 진실이라고 확신하게 되었다.

2학년 아이들과 부모들은 3학년들과 화해할 마음이 있었다. 하지만 후배들을 분리수거장에 모이게 한 것도, 인사 잘하라고 협박한 것도, 핸드폰을 열어 문자를 보이게 한 것도 선배니까 할 수 있는 행동이라는 3학년들을 용서할 수는 없는 노릇이었다. 2학년들에게 2차, 3차 가해가 될 게 분명했기 때문이다.

2학년 아이들과 부모들은 빈말이라도 "미안하다. 우리가 잘못했다"는 말을 들으면 화해해 줄 용의가 있었다. 인혁이와 친구가 그 말을 하면 학폭위 심의를 받으러 가지 않아도 되었고, 학폭 징계를 받지 않을 수도 있었다. 그랬다면 생활기록부에 학교폭력 가해 사실이 기록되지도 않을 수 있었고, 보호자 특별교육도 받지 않을 수 있었다.

보통 학폭 사건에 엮인 아이들과 부모들은 이런 상황에서 눈 딱 감고 사과하기로 마음먹는다. 사과 한마디를 하면 그 많은 수고와 고생을 덜 수 있기 때문이다. 하지만 3학년들은 사과하는 것을 전쟁에서 패배하는 것으로 받아들였다.

몇 주 뒤 학폭위 심의가 열렸고, 인혁이와 친구에게 사회봉사 처분이 내려졌다. 3학년 부모들은 심의 결과에 이의를 제기하며 바로 재심을 청구했다. 재심에서도 정당한 처분이었다는 결과가 나오자 행정심판을 제기했다. 몇 달이 더 지난 뒤 학폭위 징계가 정당했다는 최종 결과가 나왔다.

아이의 감정은 수용해 주되 행동의 경계는 분명히 세워줘라

아이가 건강한 사회구성원이 되기 위해 배워야 할 가장 중요한 역량은 무엇일까? 그것은 타인이 싫어하는 행동을 하지 않는 것, 곧 선을 넘지 않는 것이다.

'내가 대접받기를 원하는 대로 타인에게 행하는 것'과 '내가 당하기 싫은 일을 타인에게 하지 않는 것' 중에서 어느 것이 더 중요할까? 사회를 건강하게 유지하고 사회구성원들의 행복도를 높이는 일에서 더 중요한 것은 타인을 침해하지 않는 것이다.

따라서 부모는 아이가 다른 사람을 선을 넘었을 때 바로잡아 주는 일에 힘써야 한다.

타인에게 해를 입히는 행동에 대해서는 아이에게 선을 분명히 정해줘야 한다. 아이가 타인을 침해하는 일은 절대 넘어서는 안 되는 선이라는 걸 알게 해줘야 한다.

부모는 아이에게 '내게 좋은 것이 타인에게도 좋은 것이 아닐 수 있다'는 것을 가르쳐야 한다. '내게 좋은 것'과 '타인에게 좋은 것'은 일치하지 않을 가능성이 높기 때문이다. 인혁이와 친구는 후배였을 때 일진 선배들에게 깍듯이 인사를 하며 지냈고, 후배가 선배를 그렇게 대하는 것이 '좋은 것'이라 여겼다. 하지만 2학년들에겐 스스로 일진이라는 인식도 없었고 선배를 보면 깍듯이 인사하는 게 좋은 것이라는 생각도 없었다. 서로 친한 것도 아닌데 구십 도로 인사를 하는 건 '좋은 게 아니었다.'

반면에 '내게 좋지 않은 것은 타인에게도 좋지 않은 것일 가능성이 매우 높다.' 내가 침해당하는 일이라고 느끼는 일은 대부분 타인에게도 침해당하는 일이라고 느껴지기 때문이다. 선배들에게 시도 때도 없이 집합을 당하고, 인사 똑바로 하라고 요구받고, 핸드폰을 열도록 강요당하는 일은 누구에게나 '당하기 싫은' 일이다. 하지만 인혁이와 친구의 생각은 거기까지 나아가지 못했다.

3학년 부모들은 타인을 침해한 아이들의 행동을 바로잡아 주지 않았고 오히려 두둔해 주었다. 부모의 응원과 지지의 말을 들은 아이들은 자신들의 침해 행위를 합리화했다. '후배들이 먼저 선배를 무시하고 모욕해서 한 행동이기 때문에 잘못한 게 없다'라고 정당화하기까지 했다.

물론 3학년 부모들이 아이가 선배로서 느낀 억울하고 분한 감정을 받아 주는 것은 맞다. 하지만 거기서 한발 더 나아가야 한다. 후배들에게 해를 입힌 행동에 대해서는 선을 넘지 않도록 해줘야 한다. '어떤 일이 있어도 타인을 침해하는 행위는 잘못된 것이고 하지 말아야 하는 일이다'라는 생각을 갖게 해줘야 한다.

자녀 양육에서 가장 중요한 것은 '타인의 욕구를 침해하는 일인가 아닌가에 민감한 아이로 키우는' 것이다. '나한테 좋은 거니까 너한테도 좋을 거야'라는 생각을 경계하는 아이로 키워야 한다. '나에게 좋은 게 너에게도 좋은 거야'라는 태도는 타인의 차이와 다름을 존중하지 않는 태도일 수 있다. 그런 태도는 타인에 대한 침해와 폭력으로 귀결될 가능성이 높다.

반면에 '나에게 나쁜 건 너에게도 나쁜 거야'라는 태도는 서로 존중하고 배려하고 협력하는 관계로 이끌어 주는 태도다.

부모는 언제든 아이의 감정을 받아들여 줄 준비가 되어 있어야 한다. 동시에 타인을 침해하는 아이의 행동에 대해서는 선을 분명히 정해줘야 한다.

사춘기 아이와 잘 지내시나요

아이의 이야기를 공감적으로 듣는 방법

인생을 '지혜로운 안내자'로 대하는 것은 인간으로서 가져야 할 가장 현명하고 겸손한 자세일 것이다. 아이가 학교폭력 사건을 일으켰다고 삶이 알려 줄 때 부모는 겸허히 자신의 느낌과 감정을 돌아보아야 한다. '아이가 누군가에게 해를 입혔다는 사실이 당혹스럽다.' '어떻게 대응해야 하나 두려움이 느껴져 아이가 원망스럽기도 하다.' 그런 감정들을 차분히 느끼면서 삶이 들려주는 목소리에 귀를 기울여 보자.

부모의 마음은 평상시와 달리 매우 흥분한 상태가 된다. 걱정과 염려가 눈앞을 캄캄하게 하기도 한다.

그럴 땐 먼저 자신의 느낌에 집중하는 것이 필요하다. 자신의 감정에 공감해 주고 나면 '이 느낌이 원하는 욕구는 뭐지?' 하는 의문이 떠오른다. 이 물음은 평상심으로 나아가는 한 걸음이라고 볼 수 있다. '내 아이가 마음의 안정을 찾고 일상을 회복하는 거야.' '그러기 위해선 잘못한 행동에 대해 인정하고 사과하는 일도 필요해.' '일단 아이가 지금 어떤 감정 상태인지부터 확인해 보자.'

평상심을 되찾은 부모는 '아이가 안정을 찾고 회복하도록 돕고 싶은' 마음을 갖게 된다. 이제 아이에게 '지금 마음이 어떤지' 물어봐 줄 수 있다. 아이는 후배들이 선배 대접을 하지 않고 버릇없이 군 일에 대해 열변을 토하며 화를 낼 것이다. 그 억울해하는 감정들을 받아들여 주고 공감을 보내주는 게 부모가 우선적으로 할 일이다. 아이의 마음이 풀릴 때까지 이야기를 잘 들어주는 것이 중요하다.

감정을 충분히 공감해 주었다고 느껴질 때 아이에게 "네가 객관적으로 잘못한 행동은 없었는지도 한번 생각해 볼까?"라고 물어봐 주자. 이때 아이가 부모에게 자신의 감정을 충분히 인정받았다고 느끼는 게 가장 중요하다.

감정을 충분히 공감받았다고 느낀 아이는 후배들에게 인사 잘하라며 겁을 준 것과 핸드폰을 억지로 열게 한 것에 대해 지나친 행동이었다고 표현할 가능성이 높다.

아이의 입에서 "나도 심했어"라는 말이 나오지 않고 여전히 스스로 피해자라고 주장한다면 자신의 감정을 제대로 공감받지 못한 것이다. 지나친 피해의식은 계속 감정을 이해받지 못하거나 공감받지 못한 마음의 결과이기 때문이다.

아이가 학교폭력에 연루된 사건을 통해 삶이 부모에게 일깨워 주는 것은 분명하다. 지금 아이의 내면에 채워지지 못한 욕구가 있다는 것이다. 오래도록 충족되길 바라온 아이 내면의 욕구나 필요를 알아주라는 다급한 신호다.

부모가 인생에서 당하는 일들을 삶이 전하는 메시지로 받아들이면 아이도 그런 부모를 따라가게 된다. 살면서 어떤 일을 당할지라도 지혜로운 안내자인 삶의 목소리에 귀 기울이며 조금씩 성장해나가는 인생을 살게 된다.

사춘기 아이와 잘 지내시나요

사례 5

따돌림당하는 친구를
이해하게 된 아이

따돌림이 주는 재미

서진이에게 보영이는 이해가 되지 않는 아이였다. 반 여학생들 중에
보영이와 싸우지 않은 아이는 거의 없었다. 보영이는 회장이었는데
제대로 역할을 하는 게 하나도 없었다. 학급의 리더는커녕 문제를
일으키는 아이였기에 아이들의 원망이 자자했다.

보영이가 가장 재수 없었을 땐 친구들이 얘기하고 있는데 두 명을
데리고 가서 이런 말을 할 때였다.

"너네 나랑 놀지 마. 나랑 놀면 나처럼 왕따당해."

보영이는 얼마 전 머리끄덩이를 잡고 싸웠던 친구에게 "수련회 가

서 방 같이 쓰자"고 부탁해서 모두를 놀라게 만들었다. 아이들에게 다시는 걔랑 말도 하지 않겠다고 떠들어댔기 때문이다.

일주일 전부터 보영이는 점심시간이 되면 자기 자리에 긴장한 얼굴로 혼자 앉아서 시간을 보냈다. 그런 모습을 볼 땐 살짝 안쓰러워 지다가도 '쟤는 절대 안 변해. 그동안 수도 없이 바뀔 거라고 해놓고 그런 적이 한 번도 없었어'라는 생각이 들면 이내 마음이 차가워졌다.

서진이가 볼 때 보영이는 정말 신기한 아이였다. 다른 친구의 말을 하나도 안 들었다. 귀로는 듣지만 싹 무시하고 자기 생각대로만 행동했다. 그래서 수련회를 앞두고 아무도 보영이와 같은 방을 쓰려는 아이가 나오지 않았다.

사실 여학생들이 보영이를 따돌리기 시작한 것은 서진이가 주도한 일이었다. 2주 전 체험학습을 갔던 날 점심을 함께 먹던 여자애들 사이에서 보영이 이야기가 나왔다. 다들 보영이한테 당했던 일들을 쏟아내며 보영이를 '씹었다.' 한참 동안 보영이를 비난하는 이야기가 이어졌다. 대화가 끝나갈 즈음 서진이가 제안했다.

"우리 이제부터 걔랑 아는 척도 하지 말고 인사도 받아주지 말자."

그 말에 아이들이 적극적으로 호응하며 그러자고 말했다.

다음 날 아침 조회가 끝난 후 여학생 한 명이 보영이와 이야기하는 모습이 보였다. 서진이는 그 여학생을 복도로 불러내 왜 약속을 안 지키냐고 따졌다. 머뭇거리는 친구에게 서진이가 단호하게 말했다.

"앞으로 걔한테 아는 척하지 마. 너무 싸가지없잖아."

그 일 후부터는 보영에게 말을 거는 아이가 없었다.

며칠 뒤 보영이가 서진이를 찾아와 따져 물었다.

"넌 왜 나를 싫어하니?"

"그런 걸 왜 물어보니?"

서진이는 차가운 목소리로 대답한 뒤 교실을 나가버렸다.

이렇게 아픈 거였구나

여름방학이 지나고 2학기가 되었을 때 아무도 예상치 못했던 일이 일어났다. 서진이가 자신과 함께 보영이를 따돌렸던 아이들에게 왕따를 당하게 된 것이었다.

서진이는 수업 시간에 선생님들에게 가장 칭찬받는 아이였다. 교과 선생님들이 믿고 의지하는 학생에 속할 만큼 수업 태도가 좋았고 대답도 잘했다. 그랬던 서진이가 국어 수업 시간 내내 엎드려 있는 사건이 일어났다.

서진이를 포함한 여덟 명의 여학생들은 점심시간마다 교실에서 뛰어놀았다. 남학생들은 거의 운동장이나 다른 반에 가서 놀았다. 여자애들은 서로 때리고 도망가고 쫓아가 잡는 장난을 치며 놀았다. 조숙하고 정적인 편이었던 서진이에겐 그 친구들이 이해되지 않았다. 그중에서 가장 마음에 들지 않았던 아이는 2학기 회장이었다. 수업 시간엔 얌전한 태도로 선생님들의 칭찬을 받던 아이가 천방지축으로 나대는 게 너무 이상했다. 남자애들이 있을 땐 수줍게 웃으며 얌전을 빼는 것도 꼴사나웠다.

회장이 무리를 주도하고 있었기 때문에 그런 불만을 털어놓을 만한 애가 없었다. 교실에 보영이와 함께 남게 됐던 날 서진이가 회장에 대해 걔 너무 가식적이라고 흉을 보았다. 그 말에 보영이도 맞장구를 쳐줬고, 둘은 열을 내며 회장을 '씹었다.'

그런데 다음날 그 말이 회장 귀에 들어가게 되었다. 보영이가 전한 건지 누군가 엿듣고 얘기해 준 건지는 알 수 없었다. 그 일로 서진이는 다른 아이들에게 따돌림을 당하게 되었다. 서진이는 하루아침에 보영이와 같은 처지가 되고 말았다. 자신을 노려보는 다른 아이들의 차가운 시선에 찔리며 상처 입는 날들이 계속되었다. 아이들의 적대감은 날마다 강해져서 서진이가 당하는 고통은 갈수록 깊어졌다.

서진이는 쉬는 시간과 점심시간마다 아이들의 공격에 무너지려는 마음을 다잡느라 에너지를 다 썼다. 그랬기에 수업 시간에 엎드려 있었던 것이었다. 따돌림이 언제 끝날지 알 수 없다는 것, 고통의 끝이 언제일지 알 수 없다는 것은 지옥과 같은 고통을 안겨 주었다. 서진이가 들어간 지옥은 보영이가 이미 들어와 있는 곳이기도 했다.

이제 보영이만이 서진이의 느낌을 공감할 수 있는 아이가 되었다. 서진이는 어느덧 보영이에게 말을 걸고 함께 이야기를 나누는 사이가 되었다. 다른 아이들이 어떻게 보영이한테 말을 거냐고 수군거렸지만, 서진이에겐 그 길 외에 다른 길이 없었다. 따돌림의 시선들을 혼자 감당하는 일이 숨막힐 정도로 힘들었기 때문이다. 보영이랑 말을 주고받고 함께 있으면 그래도 숨은 쉬어졌다.

서진이는 비로소 자신이 보영이에게 한 짓이 어떤 것이었는지 알게 되었다. '이렇게 아픈 거였구나. 이렇게 한 친구를 무너뜨리는 일이었구나. 물건처럼 짓밟히는 일이었구나.'

타인을 향한 비하는 먼저 자기 자신을 향한다.

서진이는 친구들의 유치함을 견디지 못했다. 처음엔 보영이의 '어린애 같음'을 이해하지 못했다. 그 후엔 다른 여자애들의 요란스러움과 호들갑스러움을 받아들이지 못했다. 가장 이해되지 않았던 건 선생님과 남학생들 앞에서 얌전했던 회장의 이중적인 모습이었다. 그것을 '가식적'이라고 비난했다.

하지만 서진이의 못 견딤과 따돌림, 용납하지 못함, 가식적으로 느낌 등의 모든 감정은 일차적으로 자기 자신에 대한 것이었다. 자신을 못 견디고 받아들이지 못하고 가식적이라고 비난하고 있는 것이었다. 이것은 서진이의 무의식에서 이루어지고 있는 일이었다.

서진이는 어렸을 때부터 부모의 칭찬과 인정을 받으며 자라온 아이였다. 부모로부터 주어지는 보상(인정, 칭찬)을 얻기 위해 서진이는 어린애 같은 욕구들, 장난치고 싶고 뛰어놀고 싶고 마음대로 하고 싶은 것들을 참아 왔다. 그런 자신에 대해 '이중적'이라고 느끼고 있었다.

자신은 그런 욕망을 계속 참아왔는데 참지 않고 마음대로 해버리는 아이들이 못마땅하고 싫었다. 그래서 그들을 비난하게 됐던 것이다. 다른 아이를 무시하고 업신여기는 아이는 무의식에서 자기 자신을 그렇게 여기고 있는 것이다. 자신을 무시하고 미워하기 때문에 타인도 그렇게 대하는 것이다. 타인에게 화를 내고 있는 사람은 먼저 자기 자신에게 화를 내고 있는 것이다.

우리 마음은 자기 자신을 이해하는 방식대로 타인을 이해한다. 서진이가 '그래, 내가 좀 유치해. 그럴 수 있지, 뭐' 하고 자신을 이해하고 있었다면 어땠을까. 그랬다면 다른 아이들에게서 유치한 모습을 봤을 때 '그럴 수 있지'라고 받아들였을 것이다. 자신의 모습이 이중적인 것도 '내가 이중적일 때가 있네. 그럴 수도 있는 거지'라고 생각하고 있었다면 회장의 이중적 모습을 볼 때도 그렇게 받아들였을 것이다.

다른 아이에게 부정적인 감정을 품고 있는 건 몸과 마음을 지치게 만드는 일이다. 분노는 몸의 기능을 낮추고 수면을 방해하여 건강을 해친다. 누구보다 자신에게 친절해지고 따뜻해지는 일이 필요하다. 그 길은 자신에게 '베스트 프렌드'가 돼주는 것이다. 누구나 친한 친구에겐 따뜻하게 대하고 친절하게 말을 건넬 줄 안다. 누구에게보다 자기 자신에게 그런 존재가 되어야 한다.

2부

아이들의 행복과
불행의 원천, 가족 관계

4장

"나를 좀 나대로 살게 내버려 둬" – 자기통제감

부모를 이기는 법을
아는 아이

아이의 학폭 신고로 패닉에 빠진 부모

금요일 오후 생활부장은 근처 S중학교 학폭담당교사의 다급한 전화를 받았다. 2학년 여학생 민채가 S중 1학년 후배들을 노래방으로 데리고 가 논 뒤 노래방비를 내게 했다는 것이었다. 아직 학폭 신고가 되진 않았으니 다시는 후배들에게 접근하지 않도록 해달라고 선생님은 신신당부를 했다.

민채 어머니에게 전화하여 상황을 설명해 드린 뒤 여학생들에게 다시 접촉하면 학폭 신고될 거라고 알려드렸다.

"네… 선생님 알겠습니다…"

어머니의 목소리는 잔뜩 겁에 질려 있었다. 민채는 부모의 머리 꼭대기에서 놀고 있는 아이였다. 10월 들어 민채의 상태는 급격히 나빠졌다. 거의 매일 지각을 했고, 3학년 선배들과 밥 먹듯이 수업에 빠졌다. 어머니가 아침마다 학교 앞까지 데려다주고 있었지만, 하나뿐인 딸을 통제하지 못하고 있었다. 며칠 전엔 수업 시간에 돌아다니는 걸 보고 교장선생님이 불렀더니 그대로 도망쳐 버렸다고도 했다.

일주일 전, 민채가 선배들의 전화를 받고 수업에 빠지는 걸 보고 담임선생님이 아침마다 핸드폰을 맡아두기로 했었다. 다음날부터 민채는 아예 학교를 오지 않는 것으로 어머니를 간단히 제압해 버렸다. 어머니는 바로 담임선생님에게 핸드폰 수거를 하지 말아 달라고 요청했다. 부모가 딸의 잘못된 행동을 고쳐보려 할 때마다 민채는 자신을 더 망가뜨리는 방식으로 그런 시도들을 무력화시켰다. 부모를 이기는 법을 아는 아이였다.

민채 어머니와 통화하고 난 뒤 생활부장은 느낌이 좋지 않았다. 딸을 통제할 수 있을 것 같은 목소리가 아니었다. 좋지 않은 예감은 늘 적중하는 법이었다. 이틀 뒤 일요일에 S중학교 학폭 담당 선생님으로부터 민채가 학폭 신고되었다는 문자가 왔다. 전날 우연히 만난 여학생들을 민채가 공원 화장실로 데리고 가 왜 신고했냐고 다그쳤다고 했다. 그러다 한 명이 부모에게 전화하자 그 여학생을 발로 찼다는 것이었다.

사춘기 아이와 잘 지내시나요

나를 파괴하면 부모를 이길 수 있어

월요일에 민채는 학교에 오지 않았다. 방과 후에 민채 어머니를 오시게 해 상담을 했다. 민채는 2학년 1학기까지 완벽하게 통제되던 아이였다. 이따금 사나운 눈빛을 뿜어내긴 했지만 학교생활의 틀을 잘 지키는 아이였다. 2학년 여름까지 민채를 통제해 왔던 건 아버지의 매였다. 민채는 아버지의 매가 무서워 귀가 시간을 억지로 지켜왔다. 어머니는 민채의 준비물이나 숙제를 초등학교 때부터 철저히 챙겨줘 왔다.

엄격했던 통제는 민채에 대한 체벌이 교회에 알려지게 되면서 중단되었다. 목사님이 민채 부모님과 상담을 하며 또다시 민채가 맞았다는 사실을 알게 되면 신고할 수밖에 없다고 말한 후부터였다.

생활부장이 학교로 찾아온 민채 어머니에게 물었다.

"어머니, 민채가 어렸을 때부터 완벽한 부모가 되고 싶으셨던 것 같아요. 맞나요?"

어머니는 하나뿐인 딸이 다른 사람들에게 흠 잡힐 게 없는 아이가 돼주길 바라왔다며 이렇게 말했다.

"제가 민채를 너무 완벽한 아이로 키우고 싶었던 거 같아요."

어린 시절부터 완벽하기를 요구하는 부모 밑에서 자란 아이는 숨이 막히는 순간이 찾아오게 된다. 자신을 분신처럼 챙겨 주는 엄마의 돌봄과 관심이 어느 순간 밧줄처럼 옭아매는 통제로 느껴진다. 사춘기가 되면서 민채는 어머니에게 이따금 반항을 했다. 하지만 아버지에겐 매가 무서워 그럴 수 없었다. 그런 사실이 교회에 알려지게 되면서 민채를 가로막고 있던 벽이 무너졌다. 아버지도 더 이상 매를 들지 못했다. 그 시점을 시작으로 민채는 홍수의 댐이 무너진 것처럼 자신을 파괴하는 길로 질주하고 있었다.

딸이 완벽하기를 바랐던 어머니 마음의 뿌리에는 불안이 자리 잡고 있었다. 민채 어머니는 불안감이 높은 성격을 타고난 듯했다. 딸에 대한 통제력을 상실한 후부터 어머니는 무능하고 무기력한 부모가 되었다. 생활부장과 대화를 하는 내내 어머니는 불안장애에 가까운 모습을 보였다.

아버지가 더 이상 매를 들 수 없다는 걸 알게 된 순간부터 민채는 무서울 게 없는 존재가 되었다. 자신을 파괴함으로써 부모를 꼼짝 못 하게 '할 수 있다'는 사실에 쾌감을 느꼈다. 언제든 부모를 이겨 먹을 수 있는 무기가 자신에게 있었다. 민채는 자신을 망가뜨리는 일이 부모에게 가장 큰 복수라는 걸 알고 있었다.

완벽한 아이가 아니라 평범한 아이가 돼주길 바라자

민채 어머니는 딸에게 완벽한 부모가 되려고 애써왔다. 완벽한 부모가 되려는 엄마는 아이에게도 완벽한 아이가 돼주길 기대하게 된다. 그 기대는 아이의 숨통을 조금씩 조이게 되고, 언젠가 아이로 하여금 폭발하게 만든다.

민채 부모님은 더 이상 딸이 완벽한 존재가 되기를 바라지 않았다. 그저 평범한 아이가 돼주기만을 바랐다. '평범함 아이'란 무엇일까? '남들처럼 학교에 잘 다니고 교실에서 말썽부리지 않고 방과 후에는 학원에 꾸준히 다니고 부모와 간간이 갈등을 빚다가도 이내 제자리로 돌아오는' 그런 아이인가? 어떤 상황에선 '평범한 아이'가 '완벽한 아이'가 되기도 한다. 2학년 2학기 시점에서 민채에게 평범한 아이가 돼주길 바라는 것은 완벽한 아이가 돼주길 바라는 것과 다르지 않았다.

부모는 아이가 완벽해지는 것보다 '자신의 본성에 충실하기'를 바라야 한다. 민채는 지금 그동안 억눌려 왔던 자신의 본성을 찾고 있는 과정인지도 모른다. 당분간은 본성에 충실해지기 위해 반항과 분노를 쏟아낼 가능성이 높다.

아마도 민채 가슴의 정서 통장엔 부모에 대한 적자가 눈덩이처럼 쌓여 있을 것이다. 민채가 어머니의 기준에서 어긋났을 때마다 가해졌던 평가와 판단, 비난의 말들이 민채의 정서 통장을 줄곧 갉아 먹어 왔을 것이기 때문이다.

민채는 가장 아픈 방식으로 부모에게 복수를 하고 있는 것이었다. 자기를 망가뜨리는 일이 부모를 가장 아프게 하는 일이라는 걸 간파한 아이가 할 수 있는 일을 다 하고 있었다. 민채는 정서 통장이 고갈된 아이의 모습을 그대로 보여주고 있었다.

민채 부모에게 필요한 일은 아이의 통장에 쌓인 빚을 갚아나가는 일이다. 십여 년의 세월 동안 쌓여 온 정서적 부채를 갚는 길은 사랑과 칭찬과 인내를 쏟아부어 주는 것밖에 없다. 마음의 빚을 다 갚으려면 앞으로 십여 년이 더 걸릴 수도 있다.

민채는 그 후에도 친구들과 시비가 붙어 학교폭력으로 신고될 위기에 처했다. 그래도 조금씩 나아지는 모습을 보여주었다. 이전과 달리 피해 입은 아이에게 진심으로 사과하는 모습을 보여주었다. 한번은 근처 중3 선배에게 돈을 갖고 오라는 협박을 받은 일이 있었다. 그때 부모님이 민채의 편이 되어 상대 아이와 부모에게 사과와 재발 방지 약속을 받아냈다. 그 후로는 그 선배에게 더 이상 협박받는 일이 없었다.

아이 마음속 정서 통장의 적자를 얼음으로 비유할 수 있을 것 같다. 부모는 끝이 보이지 않는 상황에서도 포기하지 않고 아이의 버팀목이 돼주어야 한다. 부모의 돌봄과 인내, 헌신은 아이 마음의 얼음을 깨뜨려 작은 알갱이로 만들 것이다. 그날이 언제일지 모르지만 정서 통장의 빚을 다 갚는 날이 올 것이다. 얼음이 모두 녹아 물이 되는 순간이 반드시 올 것이다. 그러면 아이의 마음이 비로소 부모의 마음으로 흘러들어올 것이다. 아직 물이 되진 않았지만 녹고 있는 중이다. 아이의 정서 통장이 흑자가 될 날은 반드시 온다.

사례 2

공부 포기를
선언한 아이

단짝 친구였던 아들의 배신

중3 여름방학을 마치던 날 재형이는 어머니에게 폭탄선언을 했다. 공부를 중단하고 아르바이트를 하며 살고 싶다는 것이었다. 그 말을 들은 순간 어머니는 하늘이 무너지는 느낌에 아무 생각도 나지 않았다.

중2 때까지 재형이는 어머니와 둘도 없는 단짝이었다. 모든 어머니들이 부러워하는 모자 관계였다. 밤늦도록 시간 가는 줄 모른 채 함께 수다를 떨었고, 시험 기간이 되면 도서관에 같이 다니며 시험 공부를 했다. 학원 원장인 어머니는 떠먹여 주다시피 아들에게 수학과 영어를 가르쳐주었으며 다른 과목들까지 같은 방식으로 관리해

주었다. 덕분에 재형이는 상위권의 성적을 유지했다. 하지만 그 성적은 중2까지였다.

어머니는 외고를 목표로 공부해왔던 재형이의 성적이 3학년 때 더 치고 올라가길 바랐다. 하지만 좀처럼 최상위권으로 올라가지 못했다. 1학기 기말고사 때 오히려 성적이 떨어져 외고에 응시할 수 없는 수준이 되고 말았다.

어머니는 여름방학 동안 반강제로 재형이를 고액의 자기주도학습 학원에 밀어 넣었다. 그 과정을 마치고 돌아온 아들이 공부를 포기하겠다고 선언한 것이었다.

공부 중단을 선언한 뒤 재형이는 밤새도록 게임만 했다. 그런 모습을 볼 때마다 어머니는 속이 타들어 갔다. 새벽에 잠이 든 아들을 아침에 깨워 학교에 보내는 일은 또 다른 전쟁이었다. 아들의 험악한 말들이 마음을 할퀴며 비수처럼 가슴을 찔러왔다. 어머니도 고통에 몸부림치며 아들에게 소리쳤다.

"그래도 고등학교는 가야지! 학생이 공부를 안 하겠다는 게 말이 돼? 진짜 평생 알바나 하면서 살 거야!"

재형이는 막무가내였고 놀랍도록 완강했다. 점점 밤늦게 들어오던 아들은 어머니와 다투다 욕을 한 뒤 방에 들어가 문을 잠가버렸다. 재형이의 가장 강력한 무기는 '먹지 않는' 것이었다. 아들은 마치 어머니를 말려 죽이려는 듯한 행동만 골라 했다. 어머니는 아들과의 소통에 완전히 좌절하고 말았다. 완벽한 패배였고, 처절한 실

사춘기 아이와 잘 지내시나요

패였다.

편의점 아르바이트하며 살아도 괜찮아

중학교 3학년 1학기까지 재형이는 어머니가 시키는 대로 공부해 왔다. 어머니와 시간 가는 줄 모르고 수다를 떨었던 일들이 그립기도 했다. 어머니가 하나뿐인 자신을 얼마나 사랑하는지 모르지 않았다. 어머니가 도서관에서 함께 공부해주고 영어와 수학을 집중 과외로 가르쳐 주어 성적이 오를 땐 기쁘기도 했다.

하지만 그런 공부는 재형이의 공부가 아니었고 자신의 실력도 아니었다. 중3이 되면서 재형이는 어머니가 떠먹여 주는 방식의 공부에 한계를 느꼈다. 중2까지 상위권을 유지하던 성적도 3학년이 되면서 하향곡선을 그렸다. 그러면서 부모를 기쁘게 하기 위한 공부를 하는데 넌더리가 났다. 더 이상 어머니에게 끌려다니는 공부를 할 에너지가 남아 있지 않았다. 그런 상태에서 억지로 자기주도학습 학원에 들어가게 된 것이었다.

여름방학 고액 자기주도학습 학원은 3주 동안 합숙으로 진행됐다. 죽어도 가고 싶지 않았지만 슬픈 눈으로 애원하는 어머니의 강압에 떠밀려 들어갔다. 3주 동안 지옥 같은 시간을 보내는 동안 재형이는 입시와 공부에 환멸을 느꼈다.

어중간한 대학을 나오느니 고교 졸업 후 편의점 아르바이트를 하면서 사는 게 나을 것 같았다. 아르바이트로 돈을 모아 빨리 편의점 주인이 되고 싶다는 생각이 들기도 했다. 재형이도 아르바이트를 쉽게 할 수 없다는 걸 알고 있었다. 인터넷에 검색해 보니 부모님의 동의가 있어야 가능한 일이었다.

재형이가 학업을 완전히 포기한 건 아니었다. 여름방학 때 부모님이 강제로 학원에 집어넣은 것 때문에 학교를 때려치우겠다고 말했지만 그게 진심은 아니었다.

얼마 뒤 재형이는 체육고등학교 입학을 준비하고 있던 친구를 따라 복싱을 배우기 시작했다. 그러면서 복싱의 재미에 빠져들었다. 일주일 뒤 재형이는 진로를 체고 입학으로 정하고 복싱훈련에 매진하게 되었다. 친구는 복싱대회에서 입상한 경력이 있어서 가능성이 있었지만 재형이에겐 불가능에 가까운 도전이었다. 하지만 운동이 너무 재미있었다. 땀 흘리며 복싱 연습을 하고 스파링을 할 때는 자신이 살아 있다는 걸 느꼈다. 가슴 뛰는 삶은 처음 경험해 본 것이었다.

어머니는 그런 재형이를 말릴 수 없었다. 한편으론 체고를 목표로 운동이라도 열심히 하는 게 낫다는 생각이 들기도 했다. 재형이는 복싱에 재미를 붙이면서 거짓말처럼 게임을 끊었다. 새벽에 일어나 학교에 가서 친구와 함께 체력 운동과 복싱 운동을 했다. 부모님은 그런 재형이를 지지해주려고 노력했다. 재형이는 새벽

같이 일어나 체력 운동을 하고 방과 후에 복싱 학원에 가서 훈련
하는 생활을 즐겁게 해나갔다.

아이를 독립된 존재로 대해라

중학교 3학년이 된 아이는 성인과 다를 게 없는 신체적 성숙을
이루게 된다. 갑자기 커진 몸과 함께 아이들은 스스로 성인이 된
듯한 착각에 빠지게도 된다. 인간의 정신적 성숙이 안정되는 건
삼십대 초반은 되어야 가능하다고 한다. 1차 안정기에 접어드는
시기도 스물셋, 넷은 되어야 한다.

그럼에도 중3 아이의 정신적 성숙도는 중2에 비해 몰라보게 성
장하게 되는 것 또한 사실이다. 이때 부모는 아이를 독립된 존재
로 여기고 아이의 정신세계를 존중해 주어야 한다. 아이의 신체
적, 정신적 성숙도는 빠른데 부모가 따라가지 못하고 계속 관리
하려 한다면 갈등과 충돌이 일어날 수밖에 없다.

재형이 어머니에겐 하나뿐인 아들이 삶의 모든 것이었다. 재형
이를 좋은 대학에 보내는 것이 어머니의 유일한 목표였다. 아들
이 공부 중단 선언을 했을 때 어머니는 삶이 무너지는 걸 느꼈다.

어머니는 상담센터를 찾아가 자신부터 상담을 받았다. 어머니
의 이야기를 듣고 난 상담사가 말했다.

"지금 어머니는 아들과 폭력적으로 소통하고 계세요. 어머니의 말은 재형이에게 죄책감만 생기게 하고 있어요."

상담을 통해 재형이와의 대화를 돌아본 어머니는 그동안 아들을 판단하고 비난하는 말들만 쏟아냈다는 사실을 알게 되었다. 그 후 어머니는 아들과 폭력적이지 않은 말로 소통하고자 무던히 애를 썼다. 관계가 조금씩 회복하는 듯했다가 다시 싸우게 되는 일이 생기기도 했지만 포기하지 않고 계속 노력했다.

재형이와의 관계로 힘들 때마다 어머니에게 도움을 준 것은 남편이 아니라 강아지였다. 아들과 충돌하고 울화가 치밀 때마다 어머니는 강아지를 데리고 산책을 다녀오곤 했다. 그 시간만큼은 아들로 인한 무거운 짐에서 잠시 벗어날 수 있었다. 아침에 재형이가 일어나지 못할 때도 강아지를 슬쩍 침대에 넣어주었다. 재형이는 짜증을 부리다가도 강아지만 보면 좋아라하며 끌어안았다.

어머니는 강아지와 산책을 하며 이런 의문을 갖게 되었다.

"강아지가 할 수 있는 일은 엄마도 할 수 있는 게 아닐까?"

상담사는 어머니가 아들과의 동일시가 지나치게 강하다고 말했다. 어머니는 그동안 아들의 감정과 생각까지 자신의 것이라 여기며 안절부절못했음을 깨달았다. 재형이는 그동안 어머니의 돌봄과 사랑을 어떻게 느꼈을까? '좋았지만, 좋지 않기도 했던' 것이다. 이제 재형이는 어머니의 사랑과 관심이라는 한 면과 통제와 억압이라는 다른 면을 동시에 느낄 만큼 큰 것이었다. 그러다 중3 여름방학을 기점으로 자신을 독립된 존재로 대해 달라고 선언한 것이었다.

강아지가 재형이에게 기쁨을 줄 수 있었던 것은 강아지에겐 어떤 '동일시'도 없었기 때문이다. 강아지는 강아지였고 재형이는 재형이였다. 반면에 어머니는 아들과의 감정적 분리가 되지 않았다. '재형이가 어머니고, 어머니가 재형이인 상태'에서 벗어나지 못하고 있었다. 상담사는 어머니에게 이렇게 조언했다.

"사춘기 아이에겐 부모가 자신을 독립된 개체로 대해주는 것이 가장 큰 선물일 거예요."

어머니는 아들을 일류 대학에 보내려 했던 욕심을 더듬어 보았다. 그 근원에는 아들이 행복해지길 바라는 욕구가 있었다. 지금 아들은 원 없이 운동을 하며 어느 때보다 행복한 도전을 하고 있었다.

삶의 의욕과 목적을 상실한 아이에게 가장 필요한 일은 뭐든 '잘해 내는' 경험이다. 무슨 일이든 열정을 느끼는 일에 몰두하는 것과 그 일에서 성취감을 느끼는 것이 중요하다. 어떤 분야에서든 만족할 만한 성취를 이뤄 본 아이는 그 경험이 자산이 되어 다른 분야에서도 그만한 성취를 이루게 된다.

재형이는 복싱에서 자신의 열정을 시험하고 있었고 조금씩 성취를 이뤄내고 있었다. 이런 상황에서 열정의 방향을 공부로 돌리라고 하는 건 도움이 되지 않는 일이었다. 어머니는 그런 욕구를 내려놓고 아들을 끝까지 지지해주기로 마음먹었다. 복싱에 모든 것을 던져 보고 열정을 다 쏟아부은 후 어떤 결실을 맺게 될지 함께 기다려주기로 했다.

아이를 있는 그대로 받아들이기

재형이 어머니에게 한 가지 걸리는 게 있다면 아들이 친구의 스케줄에 모든 것을 맞추고 있다는 것이었다. 재형이는 인스타그램에 복싱하는 사진을 올려놓고 마치 체고에 들어간 것처럼 행동하고 있었다. 그 모습에서 어머니는 친구들에게 인정받기 위해 애쓰는 아들의 안간힘이 엿보였다.

상담사와의 대화를 통해서 어머니는 아들에게서 보는 모습이 자신의 일면이라는 것을 깨닫게 되었다. 어머니는 타인의 시선을 지나치게 의식하는 성격이었다. 학원을 운영하고 있는 원장임에도 학부모들과 강사들의 시선에서 늘 자유롭지 못했다. 학부모는 그렇다 쳐도 스스로 뽑은 강사들의 눈치를 보는 자신이 이해되지 않을 때가 많았다.

어머니는 타인의 시선을 의식하며 살아온 자신을 인정하고 받아들이고자 노력했다. 그러면서 자신이 진정으로 받아들이지 못한 것은 아들의 대학 실패가 아니었다는 것을 알게 되었다. 자신이 받아들이지 못했던 것이 '대학에 실패한 아들의 어머니가 되는 것'이었다는 것을 아프게 깨달았다.

어머니는 자기 자신을 있는 그대로 받아들이고 '생긴 대로' 사랑하고자 노력했다. 타인의 시선을 의식하는 생각이 솟아날 때마다 손바닥을 펴면서 놓아 버리는 연습을 했다. 그러면서 어머니는 알게 되었다. 자신이 스스로

사춘기 아이와 잘 지내시나요

를 있는 그대로 받아들이고 사랑하게 될수록 아들도 있는 그대로 사랑하게 된다는 것을 말이다.

어머니는 아들을 판단하고 비난하며 못마땅해하는 생각이 일어날 때마다 그 생각의 방향을 자기 자신에게로 돌렸다.

'내가 지금 못마땅해하는 자신의 모습이 뭐지?' '내가 받아들이지 못하고 있는 나의 못난 성격은 뭐지?'

아들에게 부정적인 생각이 들 때마다 어머니는 자신의 행동과 마음을 돌아보고 또 돌아보았다. 늘 해답은 자신의 내면 안에 있었다. 아들을 받아들이지 못하는 게 아니라 자신을 받아들이지 못하는 거였다. 아들을 부정하기 이전에 자신의 못난 성격을 부정하고 있는 거였다.

이제 어머니에겐 타인의 시선을 흘려보내고 자기 자신을 생긴 대로 긍정하는 것이 가장 중요한 일이 되었다. 그 길만이 아들을 있는 그대로 인정하고 사랑할 수 있는 길이기 때문이었다.

사례 3

부모의 노력으로
일진에게서 벗어난 아이

불안 때문에 의존하게 된 담배

초등학교 6학년 5월까지 우진이의 학교생활은 남 부러울 게 없었다. 학교에서 '잘나가는' 아이들과 친하게 지냈고, 무리에 속해 있다는 사실만으로 다른 아이들에게 부러움의 대상이 되었다. 그러다 학급 단합대회 날 일짱에게 반기를 든 일을 계기로 한순간에 바닥으로 추락하고 말았다.

　일짱이 우진이를 괴롭힌 적은 한 번도 없었다. 6월부터 다른 아이들이 우진이에게 싸움을 걸기 시작했다. 우진이는 맞짱을 뜰수록 자신이 싸움에 소질이 없다는 걸 느꼈다. 한 달쯤 뒤 매일 맞고 다쳐서

들어온 우진이를 본 부모님이 학교로 찾아가 신고를 했다. 힘든 과정을 거친 뒤 일짱과 일짱 부모님의 사과를 받고 화해가 이루어졌다.

그 후 우진이는 일진 무리에 다시 들어갈 수 있었다. 여전히 존재감은 없었지만 일진 안에 있다는 것만으로 훨씬 지낼 만했다. 누군가와 싸우다 맞을 일이 없었기 때문이다. 2학기부터 일진들은 화장실에서 담배를 피우기 시작했다. 친구들이 권한 담배를 우진이는 거절할 수 없었다. 무리에서 떨어져 나갈까 봐 두려웠기 때문이다. 그렇게 우진이는 담배를 피우기 시작했다.

우진이는 수도권에서 초등학교를 졸업한 뒤 중학교에 입학하자마자 서울로 전학을 갔다. 부모님과 오랫동안 의논한 후에 결정한 일이었다.

전학 간 학교에서 우진이에게 중요한 일은 일진들과 친구가 되는 것이었다. 우진이가 배정받은 반에는 '잘나가는' 일진이 두 명 있었다. 우진이는 담배를 가져와 나눠주는 일로 같은 반과 다른 반 일진들의 환심을 사려 했다. 그런 노력을 했음에도 우진이는 일진들의 친구가 되지 못했다. 작고 약한 '듣보잡' 전학생을 끼워주려는 일진은 없었다.

시간이 갈수록 초조해진 우진이는 쉬는 시간이나 점심시간에 화장실에 숨어 담배 피우는 일로 불안감을 달랬다. 그러다 일진 중 한 명이 생활부에 신고를 해서 금연 캠페인 처벌을 받게 되었다.

우진이는 금연 캠페인 벌을 숨겼지만 어머니는 다 알고 있었다. 3월 초부터 담임선생님과 전화나 면담으로 자주 이야기를 나눴기 때문이다. 아들이 수업 시간마다 혼나고 여학생들에게 욕을 하며 일진과 어울린다는 말을 들었을 때까진 새로운 환경에 적응하려고 힘들어 그렇겠거니 했다. 담배를 갖고 다닐 뿐만 아니라 학교 화장실에서 담배를 피운다는 사실을 알게 됐을 땐 충격이 너무 컸다. 그동안 어머니는 우진이가 저지른 일들을 남편에게 말하지 않았다. 아들을 엄하게 혼내기만 할 것 같아서였다. 이제는 한계 상황에 다다른 듯했다. 더 이상 혼자서 아들을 감당할 자신이 없었다.

일진들 속에 있어야 마음이 편해

우진이는 밤마다 핸드폰 메모장에 <학교에서 살아남는 법>을 적으며 불안한 마음을 달래고 있었다. 메모장에는 '담배를 갖고 있다가 걸렸을 때 변명하는 법', '일진한테 맞을 때 주머니 속 핸드폰으로 신고하는 법' 등이 빼곡히 적혀 있었다.

우진이는 '교실에서 어떻게 살아남아야 하나'만 생각하고 있었다. 우진이가 속한 반은 일진과 ADHD 성향의 아이가 대여섯 명이나 되었다. 수업 시간마다 선생님들이 애를 먹었고 쉬는 시간엔 난장판에 가까웠다. 그런 환경은 우진이로 하여금 더 살아남는 것에 집착하게 만들었다.

사춘기 아이와 잘 지내시나요

학교에서 우진이의 마음은 늘 불안한 상태에 있었다. 다시는 얻어맞는 존재가 되고 싶지 않다는 두려움이 우진이를 지배하고 있었다.

그러다 보니 학습에 쏟을 에너지가 없었다. 초등학교 때까지만 해도 학습 능력이 우수한 편이었던 우진이는 중학생이 된 후 수업에 집중하지 못했다. 머릿속으로 일진과 친해지는 것밖에 생각하고 있지 않았기 때문이었다.

우진이는 마음만 먹으면 평범한 친구들과 사귈 수 있었다. 하지만 그는 일진 외에는 친구를 사귀려 하지 않았다. 일진에 속해야만 안전하다고 느낄 수 있었기 때문이다.

5월에 우진이는 수련회를 앞두고 발목을 크게 다쳤다. 부모님은 아들을 수련회에 보내고 싶지 않았지만 우진이가 가겠다고 고집을 부렸다. 부모님에게 더 염려됐던 건 부실한 발목보다 아들이 수련회에서 담배를 피우는 것이었다. 우진이는 부모님과 가족회의를 꾸준히 하면서 막 담배를 끊은 상태였다. 하지만 부모님은 아들의 마음을 꺾지 못하고 결국 수련회에 보낼 수밖에 없었다.

안 좋은 예감은 맞을 때가 많은 법이다. 수련원으로 향하던 관광버스가 점심식사를 하기 위해 수목원에 들렀을 때 사고가 일어났다. 일진 몇몇이 자전거를 대여해 타고 다녔다. 친구가 대여한 자전거 뒤에 올라타는 아이도 있었다. 우진이도 일진들을 따라 자전거에 올라타고 싶은 충동을 느꼈다. 부실한 다리로 친구가 빌린 자전거에 올라타다가 발을 헛디뎌 그만 넘어지고 말았다. 삐었던 발목이 다시 접질려 엄청나게 부어올랐다. 우진이는 구급차에 실려 지방 대학병원으로 이송됐다.

부모님이 차를 몰고 부랴부랴 병원으로 달려왔다. 발목에 깁스한 우진이를 본 부모님은 바로 집으로 돌아가자고 했다. 우진이는 그날 저녁에 수련원에서 하는 장기자랑만 보고 가겠다고 버텼다. 부모님은 우진이와 오래 대화를 나눈 뒤 일단 다시 집으로 돌아갔다. 대신 다음 날 아침 일찍 내려와 함께 올라가기로 했다. 저녁에 우진이는 목발을 짚고 대강당으로 들어가 친구들의 장기자랑을 구경했다.

다음 날 아침에 우진이는 차를 갖고 내려온 부모님과 함께 집으로 돌아갔다. 그 후로 우진이의 모습은 학교에서 보이지 않았다. 집에서 며칠 더 머물다 대안학교로 전학을 갔기 때문이었다.

온 가족의 협력으로 아이를 구하다

우진이 어머니는 아들이 새 학교에서 잘 적응해주길 간절히 바랐다. 학교로 선생님을 찾아가 면담을 하거나 자주 전화로 상담을 하면서 우진이의 학교생활을 확인했다. 두 달이 지났을 무렵에도 아들의 상태는 나빠지기만 했다. 어머니는 우진이가 하루에

사춘기 아이와 잘 지내시나요

몇 번씩 담배를 피울 뿐 아니라 일진들의 담배 심부름꾼이 되었다는 사실에 큰 충격을 받았다.

어머니는 어떻게 아들을 도와야 할까 고민을 거듭했다. 그러다 한 달 전 담임선생님이 권해주었던 가족회의가 떠올랐다. 아이와 부모가 각자의 생각을 충분히 이야기한 후에 타협안을 만드는 방식이었다. '부모가 아이와 타협을 해야 하나' 하는 의문이 생기기도 했다. 선생님은 타협이 아니라 조율이라고 했다. 아들의 삶은 고장 난 피아노처럼 엉망진창이 되고 있었다. 이제는 조율을 해야 할 때라는 생각이 들었다.

4월 말에 어머니는 남편에게 우진에 대한 모든 것을 털어놓았다. 다행히 남편은 함께 아들의 문제를 해결해 보자고 응답해 왔다. 바로 가족회의를 시작하기로 했다.

얼마 뒤 첫 가족회의를 열었다. 고1 딸도 함께 참석했다. 아버지가 우진이에게 두 가지만 해보자고 부탁했다. 하나는 수업 시간에 공책 정리를 하는 것이었고 다른 하나는 담배를 피우지 않는 것이었다. 우진이는 부모님께 수십만 원씩 드는 학원을 가는 대신 일렉기타를 배우고 싶다고 말했다. 한참 대화를 나눈 끝에 '학원을 그만 다니고 기타를 배우되 통기타부터 배우기'로 의견을 모았다. 아버지가 일렉기타부터 배우면 통기타를 칠 수 없으니 통기타부터 배우라고 권했기 때문이었다.

공책 정리와 담배 끊기는 우진이에게 모두 쉽지 않았다. 공책 정리는 이틀을 하다 사흘 만에 중단했다. 일주일 뒤엔 학교 화장실에서 담배를 피우다 다시 걸리고 말았다. 그날 우진이는 아버지와 약속한 대로 공원에 나가 달리기 열 바퀴를 돌았다. 하지만 그 후에도 담배가 계속 말썽을 부렸다. 습관적으로 담배를 갖고 갔다가 선생님들에게 걸리곤 했다.

우진이가 세 번째 담배로 걸린 날이었다. 아버지가 우진이에게 담배를 주면서 "어차피 못 끊을 테니 아버지랑 맞담배를 피우자"고 하셨다. 우진이는 눈물을 펑펑 흘리며 다시는 안 피우겠다고 다짐했다. 그 일을 계기로 우진이는 아버지와의 약속을 지키려 애를 썼다. 담배를 피우지 않았고 공책 필기도 꾸준히 했다. 공책 필기한 지 열흘째 되던 날엔 수학 시간에 칠판 앞으로 나가 문제를 풀어 선생님께 칭찬을 받기도 했다.

가족회의는 일주일에 한 번씩 꾸준히 이어졌다. 대화를 할 때마다 우진이는 부모님이 자신의 편이라는 생각이 들었다. 수련회를 가기로 했던 것도 어머니가 담임선생님과 상담한 뒤 가족회의를 거쳐 결정한 것이었다.

우진이의 부모님은 수련회 몇 주 전부터 아들에게 맞는 학교를 찾아 주기 위해 고심해 왔다. 서울의 학교는 우진이에게 최악의 환경이었다. 수업 분위기도 친구 관계도 엉망진창이었다. 가장 심각했던 건 우진이가 일진들 사이에서 골초로 소문난 것이었다.

아들이 그런 환경에서 정상적으로 학교생활을 하는 건 불가능해 보였다.

부모님은 그동안 우진이의 이야기를 충분히 들어주며 서로의 의견을 적절히 조율해왔다. 하지만 우진이의 환경을 바꿔주는 일만큼은 타협할 수 없는 일이라는 생각이 들었다. 가족회의를 할 때마다 집에서 통학이 가능한 대안학교로 옮기자고 아들을 꾸준히 설득했다. 우진이는 새로운 환경에 다시 적응해야 하는 일에 큰 두려움을 느끼고 있었다. 수련회의 사고는 부모님뿐만 아니라 우진이에게도 정신이 번쩍 나게 만들었다. 목발을 짚고 집으로 돌아온 우진이는 부모님 뜻에 따라 대안학교로 전학 가기로 마음을 바꿨다.

한 달 뒤 담임선생님은 우진이 어머니로부터 연락을 받았다. 우진이가 대안학교에서 적응도 잘하고 공부도 열심히 하고 있다고 했다. 기타 학원과 보컬 학원을 다니며 뮤지션의 꿈도 키워가고 있었다. 우진이는 부모님의 과감한 결단으로 왕따 트라우마와 흡연 충동에서 벗어날 수 있었다. 부모님이 가족회의를 꾸준히 하면서 우진이의 말을 경청해 주고 함께 의견을 조율해 온 덕분에 가능한 일이었다.

담배에 끌리지 않도록 아이의 멘탈을 관리해 주자

담배를 피우는 아이들은 보통 중학교 1학년 말이나 2학년 초에 배우게 된다. 빠른 아이들은 초등학교 6학년 때부터 시작하기도 한다. 아이들은 왜 담배를 피우는 것일까? 친구 따라 피우는 경우가 대부분일 것이다. 또래 중 처음 피우는 아이는 보통 선배와 어울리다 배우게 된다.

친한 친구가 같이 피우자고 하니까 마음이 약해져서 피울 수도 있고, '나도 이쯤은 할 줄 안다'는 것을 보여주려고 피울 수도 있다. 아이들은 또래 앞에서 강해 보이고 싶은 욕구가 강하다. 이는 무시당하거나 기죽지 않으려는 심리와 동전의 양면이라고 볼 수 있다.

어른이든 아이든 담배를 시작하면 끊는 게 거의 불가능하다고 봐야 한다. 아이들이 담배를 끊을 수 없는 이유는 너무 많다. 십대의 마음은 자기조절력이 발달되지 않아 충동을 제어하는 능력이 취약하다. 함께 담배를 피울 수 있는 친구들은 늘 옆에 대기하고 있다. 몰래 숨어서 피우는 담배는 짜릿한 스릴과 모험심을 충족시켜주기까지 한다. 함께 일탈을 하는 사이일수록 친구 관계는 더 끈끈해진다. 그야말로 담배을 피우기 위한 최적의 환경에 놓여 있는 셈이다.

가장 바람직한 일은 아이가 흡연의 길로 들어가지 않도록 이끌어 주는 것이다. 아이들이 담배에 빠져드는 근본 원인은 불안과 두려움 때문이다. 사회적 동물인 인간에게 가장 힘든 일은 인간관계다. 아이도 인간관계로 가장 큰 스트레스를 받는다. 아이에게 인간관계 고통을 안겨주는 존재는 부모일 가능성이 가장 높다.

부모와 불화하며 감정을 억압당하는 아이는 불안하고 짓눌린 마음을 다른 뭔가로 보상받고 싶어 한다. 보통은 컴퓨터 게임이나 친구와 늦게까지

사춘기 아이와 잘 지내시나요

노는 일에 빠져든다. 아이의 무절제한 게임과 밤늦은 귀가는 부모를 불안하게 만들어 아이와의 관계를 더 악화시킨다. 그렇게 관계 악화의 악순환에 빠져든 아이는 몰래 숨어서 피우는 담배로 일탈하게 되기 쉽다.

담배를 피우기 시작한 아이를 끊게 하는 일은 온 가족이 합심하여 에너지를 쏟아부어도 될까 말까 한 일이다. 평소에 아이가 관계로 고통당하지 않으며 지낼 수 있는 가정환경을 만들어 주는 일이 중요하다. 아이와의 건강한 소통은 훨씬 힘이 덜 드는 흡연 예방책이다. 아이가 사춘기 조짐을 보일 때 가족회의를 시작하여 터놓고 대화할 수 있는 분위기를 만드는 것이 좋은 예일 것이다.

운동은 십대의 마음을 건강하게 하고 충동 조절 능력을 향상시킨다. 아이가 운동을 좋아하며 배우고 싶어 한다면 어떤 운동이든지 적극 권장하는 게 좋다. 몸으로 하는 운동은 도파민 등 행복 호르몬을 분비시킬 뿐 아니라 절제력을 발달시켜 충동을 조절하는 능력을 길러준다. 또한 마음을 안정시켜서 불안과 두려움을 빠르게 줄여 주는 효과를 발휘한다. 아이가 친구들과 축구나 농구, 댄스 등을 하고 오겠다고 하면 두 손 들고 환영할 일이다.

평소 운동을 좋아하지 않는 아이라도 흥미를 가질 만한 운동을 찾아보면 어딘가에 있다. 몸을 많이 움직이지 않는 탁구나 당구, 혼자 할 수 있는 자전거 타기나 인라인스케이트, 수영, 춤 등 뭐든지 좋다. 무엇이든 아이가 몸을 움직일수록 마음이 건강해지고 단단해진다. 몸을 사용하는 시간이 많아질수록 아이는 불안과 스트레스에 대처하는 능력이 향상된다. 담배 등의 유혹에도 쉽게 빠져들지 않는 건강한 마음을 갖게 된다. 부모와 아이가 평일 저녁이나 주말에 꾸준히 함께 운동을 하는 가정이라면 아이가 일탈에 빠져들 염려를 내려놓아도 될 것 같다.

일진들과 아슬아슬하게
친구 관계를 유지한 아이

중학교에서 일진이 된 친구들

세헌이는 1학년 회장 선거 결과 박빙의 차이로 부회장이 되었다. 공부와 외모, 성격 등 모든 면에서 뛰어났던 남학생과 1표 차가 났다는 것에 반 아이들 모두 놀란 사건이었다.

세헌이는 친화력과 리더십이 뛰어난 아이였다. 축구를 좋아해서 초등학교 때부터 축구 잘하는 친구들과 어울려왔다. 중학교에 들어와서도 계속 어울렸는데 그 친구들이 아이들 사이에서 일진으로 여겨지고 있었다.

세헌이는 운동 신경이 뛰어난 편은 아니었다. 축구를 너무 좋아해서 자주 하다 보니 실력이 는 경우였다. 아이들은 그런 세헌이를 체육부장으로 뽑아 주었다. 세헌이에게는 아이들이 자발적으로 따르게 하는 리더십이 있었다. 선생님들에게 예의가 바른 아이였고 맡은 일을 책임감 있게 처리하는 능력도 뛰어났다. 한 가지 아쉬운 점이 있다면 성적이 중간 정도라는 것이었다. 3월 말 학부모 상담을 하던 날 세헌이 어머니가 선생님에게 말했다.

"세헌이한테 누나가 있어요. 제가 딸이랑은 정말 잘 맞고 친구처럼 지내거든요. 근데 둘째는 너무 어려워요. 이상하게 자식인데도 세헌이한테는 편하게 대하기 힘들 때가 있어요."

어머니는 세헌이의 친구들이 중학교에 올라와 불량해지는 모습을 보이는 게 걱정이라고 했다. 아들이 친구들과 어울리다 사고에 휩쓸리지 않을까 걱정이 컸다. 담임선생님이 웃으면서 말했다.

"제가 볼 때 세헌이는 중심이 확고한 아이예요. 친구들에게 휩쓸려서 사고 치기보다는 친구들을 옳은 길로 끌어 당겨줄 아이예요."

두 달 뒤 담임선생님의 예측은 보기 좋게 빗나가고 말았다. 방과 후에 축구를 하고 난 아이들 몇몇이 창고 뒤에서 담배를 피우다 당직 선생님에게 걸렸다. 세헌이도 그 자리에 함께 있다가 걸려 교내 봉사 징계를 받았다.

세헌이가 아쉬움 가득한 얼굴로 담임선생님에게 말했다.

"제가 친구들한테 학교에서 피우지 말자고 했는데 안 듣더라구요."

"선생님은 세헌이가 한 말 믿어. 그래도 다음부터는 먼저 가겠다고 하면서 그런 자리를 피했으면 좋겠다.”

세헌이는 꼭 그렇게 하겠다고 선생님에게 약속했다.

다음 날 세헌이의 어머니가 담임선생님을 찾아 와 상담을 했다.

“세헌이랑 친구들을 떼어놓고 싶은데 방법이 없어요. 선생님, 어쩌죠?”

어머니도 잘 알고 있었다. 세헌이를 친구들로부터 떨어뜨리려 할수록 더 가까워지게 될 거라는 걸. 갈라놓을수록 더 불붙는 남녀의 사랑처럼 말이다. 세헌이를 일진 친구들로부터 떨어뜨려 놓을 뾰족한 수가 없었다.

나를 좀 믿어 주면 안 돼?

세헌이는 누구보다 '삶의 통제감'이 강한 아이였다. 부모님은 일진이 되어가는 아이들과 계속 친밀하게 지내는 아들이 조마조마했다. 친구들과 얽혀 사고를 치는 것 못지않게 날마다 축구를 하느라 학원 다닐 시간이 부족한 것도 걱정이었다. 반에서 일등을 하는 아이는 수업이 끝나자마자 학원으로 달려가 10시까지 영어, 수학뿐만 아니라 국어와 사회, 과학 과목까지 수강하고 있었다. 이렇게 축구만 하다가는 성적이 오를 리 없었고 좋은 대학에 갈 가능성도 없었다.

부모님은 세헌이의 의지를 꺾을 수 없었다. 세헌이는 친구 관계

만큼은 자신이 통제하고 싶어 했다. 친구들과의 관계에서 스스로 상황을 통제할 수 있다고 믿었다. 세헌이는 삶의 행복도에서 '내가 얼마나 삶을 통제하느냐'가 큰 비중을 차지하는 아이였다. 그런 아이에겐 스스로 상황을 통제하는 힘을 길러나갈 거라고 믿어주는 것이 바람직하다. 언제 다시 친구 따라 담배를 피울지 싸움을 할지 불안하더라도 말이다. 어차피 아들을 강제로 친구들로부터 떼어놓을 방법은 없다.

인생의 성공 여부는 자기 통제력을 얼마나 배워가느냐에 달려 있다고 볼 수 있다. 자기 통제력은 부모나 교사가 대신 키워줄 수 없는 능력이다. 실패하기도 하고 넘어지기도 하면서 스스로 습득해 나가야 하는 능력이다.

세헌이는 '친구'와 '일진' 사이에서 아슬아슬한 줄타기를 제법 잘해 나갔다. 그렇다고 위기가 없었던 건 아니었다. 겨울방학 때 친구들과 담배 피우다 걸려 징계를 받은 일도 있었다. 친구가 한 번만 피워 보라고 사정해서 한두 모금 빨아본 것이었다고 선생님에게 말하며 세헌이는 몹시 죄스러워했다. 아들의 선도위원회에 참석한 어머니는 죄인이 된 듯한 수치심을 느꼈다. 그 느낌을 어머니는 묵묵히 감내했다.

2학년 때는 수련회에서 친구들과 한 아이를 괴롭힌 사건에 엮인 일도 있었다. 사실 확인 결과 세헌이는 친구들을 말리며 피해 입은 친구에게 도움을 준 것으로 드러났다. 다른 친구들이 그렇게 증언해준 덕분에 세헌이는 학폭 징계에서 빠질 수 있었다.

선생님은 세헌이와 대화를 하면서 세헌이가 진심으로 친구들을 바로잡아주고 싶어 한다는 걸 느꼈다. 자신에게 손해 되는 일이 있을지라도 친구를 돕고자 하는 욕구가 강한 아이였다. 선생님은 그 어려운 길을 가는 세헌이에게 안쓰러움이 느껴지곤 했다. 한편으로는 세헌이에게서 자기 통제력에 대한 자신감이 엿보이기도 했다.

세헌이는 그 후에도 '힘든 길'을 계속 걸어갔다. 학년이 올라갈수록 흡연 유혹이 더 강해졌지만 담배를 피우는 아이들 속에서 비흡연자의 길을 꿋꿋이 걸어갔다. 다른 학교 일진들과 싸움이 붙었던 날엔 친구들에게 양해를 구하고 일찍 집으로 돌아왔다. 세헌이는 그렇게 삶을 통제해가는 능력을 습득해 나갔고, 친구들도 세헌이를 그런 아이로 받아들였다.

불안함 속에서도 아이를 믿어 주는 부모가 되자

부모에게도 자녀 중에 어려운 아이가 있을 수 있다. 조금 어려울 수도 있고 유난히 부담스러울 수도 있다. '내 유전자를 물려받은 아이인데 어찌 이리 안 맞을까'하는 한탄이 나오기도 한다. 안 맞아도 너무 안 맞아 답이 안 나올 때도 있다.

사춘기 아이와 잘 지내시나요

배우자와는 헤어지기라도 할 수 있는데 아이와는 그조차 불가능하다. 세상에 이보다 질긴 인연이 없다. 그러하기에 어떻게든 풀어나가야 한다.

부모와 맞지 않은 아이는 삶의 통제감이 강한 아이일 가능성이 높다. 자신이 처한 상황과 과제를 스스로 처리하려는 욕구가 남달리 강한 아이다. 그런 아이가 자신처럼 통제 욕구가 강한 부모를 만나면 갈등과 충돌이 불가피하다. 열 살 이전까지 잘 따라왔을지라도 열한두 살에서 열다섯 즈음에 강하게 저항하는 순간이 찾아온다. 자기 통제감이 강한 아이는 언젠가 부모에게 불편하고 어려운 존재로 변할 가능성이 높다.

부모에게는 아이의 삶을 통제하려는 욕구를 내려놓아야 하는 순간이 찾아온다. 아이가 자신의 삶을 스스로 통제하려는 욕구를 강하게 표출할 때가 그런 때이다. 이때 부모는 더 강한 힘과 억압으로 아이를 통제하려 해서는 안 된다. 아이가 시행착오를 겪을지라도 스스로 삶을 통제하는 능력을 키워가도록 이끌어줘야 한다.

세헌이의 어머니는 불안한 마음으로도 아들을 믿어 주려 애썼다. 순간순간 부정적인 생각들이 찾아오기도 했다. '얘는 왜 누나처럼 고분고분하지 않을까', '엄마 말 좀 들어주지 왜 자기가 알아서 한다고 고집을 부릴까', '언제까지 일진 친구들과 어울리는 걸 봐줘야 하나', '이러다 잘못된 길로 빠지지 않을까'… 그런 생각이 들 때도 믿어 주고 기다려주는 자세를 지켜나갔다. 혼내거나 옥박지르며 아들의 통제감을 흔들어 놓으면 더 어긋날 게 뻔했기 때문이기도 했다.

어머니의 인내와 노력은 헛되지 않았다. 3학년이 되면서 세헌이는 학원 다니는 시간을 늘렸다. 스포츠평론가라는 진로를 목표로 학업에 힘을 쏟자 성적이 조금씩 올라갔다. 졸업 후 고등학생이 되어 선생님을 찾아온 세헌이는 공부하는 맛을 조금 알게 된 것 같다는 신통한 말을 하기도 했다. 그 후에도 세헌이로부터 반가운 소식이 들려왔다. 고등학교 때 성적이 꾸준히 올라 원하던 대학에 들어갔다고 했다. 선생님과 통화를 하던 어머니가 감사한 마음을 표현했다.

"세헌이가 중학교 1학년 때 선생님을 만난 건 큰 행운이었어요. 그때 세헌이가 정말 아슬아슬했는데 선생님이 꼭 붙잡아 주셨잖아요."

선생님이 미소 지으며 말했다.

"아닙니다. 어머니가 해내신 일이에요. 세헌이가 스스로 상황을 통제하는 힘을 기를 때까지 속이 타들어 가시면서도 꿋꿋이 기다려주셨기 때문에 가능한 일이었어요."

인생은 삶의 통제력을 배워나가는 과정이라고 말할 수 있다. 자기 통제력을 키우는 일은 스스로 해보다 넘어지고 실패하며 다시

사춘기 아이와 잘 지내시나요

일어서는 과정을 필요로 한다. 이때 부모에게 요청되는 일은 '아이를 통제하려는 욕구'를 통제하는 것이다. 그럴 때 아이는 부모로 하여금 자기 통제감을 기를 수 있도록 이끌어 주는 안내자가 돼 준다. 부모와 아이는 그렇게 서로를 좀 더 성숙한 존재로 나아가게 해주는 인생의 반려자다

5장

가족과 함께 있을 때
가장 외로운 아이들

사례 1

뛰어난 누나에게
짓눌린 아이

'친구 사이'에서 잘 일어나는 학교폭력

승호는 중학교에 입학하자마자 친했던 친구 두 명과 학교폭력으로 얽혔다. 첫 갈등은 함께 농구 동아리에 들어갔던 명원이와의 사이에서 일어났다. 연습경기를 하다 제대로 뛰지 않던 같은 팀 친구에게 몇 번 똑바로 하라고 말했던 게 발단이 되었다. 그날 동아리 활동이 끝난 뒤 승호는 명원이와 그 친구에 대해 이런저런 이야기를 나누며 집으로 돌아왔다.

그런데 다음 날부터 명원이가 자신을 대하는 태도가 달라졌다. 덩달아 명원이와 친했던 같은 반 단짝까지 데면데면하게 굴었다. 전날 밤 승호는 같은 반 친구에게 충격적인 말을 들었었다. 명원이가 "승호가 전교 1등하는 누나 백 믿고 재수 없게 군다"고 말했다는 것이었다. 전날 밤 농구 팀 친구와 통화한 명원이가 "어제 감기가 심하게 걸려서 제대로 뛰지 못했다"는 친구의 말을 전해 듣고 태도가 변한 것 같았다. 승호의 말이 심했다고 판단한 듯했다.

　승호는 그날 집에 돌아와 명원이에 대해 기분 나빴던 일을 누나에게 얘기했다. 옆에서 듣던 아버지가 못마땅하다는 눈빛으로 자신을 쳐다보는 게 느껴졌다. 누나는 공부도 잘하고 운동도 잘하는데 승호는 둘 다 그리 뛰어나지 못했다.

　며칠 뒤 명원이가 자신을 학교폭력으로 신고했다는 말을 듣고 승호는 깜짝 놀랐다. '승호가 헤드락을 걸며 자주 목을 졸랐고, 귀에서 피가 났다'는 것이 주요 내용이었다. 누나의 같은 반 선배들이 명원이네 교실로 찾아가 "이명원이가 누구냐?"고 물어봤다는데, 그 일로 겁을 먹은 것도 같았다. 명원이의 귀에 살짝 피가 난 적은 있었지만 그 일로 학폭 신고를 할 줄은 몰랐다.

　승호도 다음 날 명원이를 학교폭력으로 신고했다. 명원이가 자신에 대해 "전교 1등 누나 백 믿고 재수 없이 군다"고 했던 말을 모욕으로 신고한 것이었다. 명원이의 말은 학교폭력으로 판단하기 애매한 말이었다.

　승호 어머니는 아들이 학폭위로 넘어가면 징계받게 된다는 걸 알

사춘기 아이와 잘 지내시나요

고 있었다. 그래서 승호가 명원이에게 사과하기를 바랐다. 승호는 그리 내키지 않았지만 어머니의 뜻을 따라주려고 했다.

그런데 명원이 측에서 승호가 받아들이기 어려운 요구를 해 왔다. "승호가 누나 친구들에게 명원이 반에 가서 겁을 주게 한 일에 대해서도 사과하라"고 한 것이었다. 승호는 그것까진 할 수 없다고 버텼다. 자신이 하지 않은 일까지 사과할 순 없었기 때문이다. 그래도 사과하고 넘어가자고 설득하던 어머니도 결국 승호의 마음을 돌리지 못했다.

명원이 어머니는 "승호가 누나 친구들에게 명원이를 찾아가 겁을 주라고 부탁했다는 증거를 갖고 있다"고 했다. 누나 친구 중 한 명이 그렇게 말했다는 것이었다.

승호는 그런 부탁을 한 사실이 없다고 펄쩍 뛰었다. 누나 친구들에게 명원이가 한 일을 얘기하며 화를 낸 적은 있었지만 교실로 찾아가 달라고 부탁한 적은 맹세코 없다고 했다. 승호 어머니도 그런 아들에게 억지로 사과하라고 시킬 수는 없었다.

스트레스를 심하게 받던 승호는 차라리 전학을 보내달라고 했다. 아들의 입에서 전학 가고 싶다는 말을 들은 순간 어머니는 전문가의 도움을 받아야 할 때라고 느꼈다.

난 중요한 존재가 아닌 것 같아

승호 어머니는 전문상담가에게 아들의 상담을 예약했다. 며칠 뒤 심리검사에서 승호가 누나에 대한 열등감으로 극심한 고통을 겪고 있다는 결과가 나왔다. 아버지와 어머니 모두 큰 충격을 받았다.

어머니는 중학생이 된 승호 때문에 머리가 아팠다. 어렸을 때부터 승호는 여러모로 누나에게 치이는 아이였다. 누나는 공부면 공부, 운동이면 운동 뭐든지 잘했다. 친구들에게도 늘 인기가 높았다. 선생님들의 칭찬이 끊이지 않았음은 물론이다.

승호는 뭐든지 어중간했다. 아버지는 그런 승호를 탐탁지 않게 여겼다. 어머니는 큰애와 비교하며 키우지 않으려고 나름 애써왔다. 편애하는 부모가 되지 말라고 남편에게 잔소리를 해보았지만 잘 듣지 않았다.

승호 아버지는 '남자는 강해야 하고 남에게 약점을 보이지 않아야 한다'는 신념이 강한 부모였다. 그런 생각을 해왔기에 누나에 비해 부족해 보이는 승호가 늘 걱정거리였다. 걱정되는 마음에 자주 잔소리를 했는데 그게 승호에겐 상처로 남았다. 중학생이 된 후부터 아내의 조언을 듣고 입을 꾹 다물고 있었지만 표정은 숨기지 못했다.

어머니는 승호가 연이어 갈등을 일으키자 갑갑함을 느꼈다. '왜 둘째는 자꾸 친구들과 사이가 나빠지는 걸까', '왜 이렇게 자존감

사춘기 아이와 잘 지내시나요

이 낮을까', '왜 누나처럼 척척 알아서 해 주지 못하나'… 승호를 생각할 때마다 안쓰러우면서도 속이 탔다.

그래도 어머니는 나름대로 승호의 힘이 돼 주려고 애써왔다. 어머니 자신이 예쁘고 자신만만했던 언니와 늘 비교당하며 컸기에 승호의 아픔을 누구보다 잘 알았다. 어머니는 웬만한 건 참으며 컸다. 그랬기 때문인지 사사건건 따지며 불만을 터뜨리는 승호의 모습을 볼 때면 부아가 치밀곤 했다.

자주 화를 내고 불평을 쏟아놓는 아이는 부모가 자신을 있는 그대로 받아들이지 않는다고 느낀다. 승호에겐 자신을 못마땅해 했던 아버지뿐만 아니라 안쓰러워했던 어머니에게도 존재를 부정당하는 느낌이 똑같이 들었을 것이다.

승호의 행동을 보면 자신에 대해 불안해하고 있다는 것을 알 수 있었다. 친구들 사이에서 우월해 보이려는 욕망도 엿보였다. 누나에게 열등감을 느끼는 자신에게 우월감으로 보상해주고 싶은 심리로 볼 수 있었다.

심리검사를 통해 부모님은 승호의 마음에 병이 깊다는 것을 알게 되었다. 그 후 승호를 대하는 집안의 분위기가 조금씩 바뀌어 갔다. 어머니는 이제부터 무슨 일이 있어도 승호의 편이 되겠다고 마음먹었다. 승호 어머니는 생활부장에게 전화를 걸어 단호하게 말했다.

"선생님, 승호가 누나 친구들에게 명원이를 혼내주라고 부탁하지 않았다는데 억지로 사과하게 할 순 없어요. 명원이가 목을 졸라서 귀에 피가 나게 한 건 얼마든지 사과할 수 있지만요. 그 이상을 요구하시면 저희는 학폭위에 가게 되더라도 사과할 수 없습니다."

그 말을 생활부장에게 전해들은 명원이 어머니는 화해 조정을 포기하겠다고 했다. 그러다 며칠 뒤 '헤드락을 한 것만 사과를 받기로 했다'고 바뀐 입장을 알려왔다. 복잡한 학폭위 절차를 밟느니 부족한 사과라도 받고 마무리하기로 마음먹은 듯했다.

다음 날 만난 사과 자리에서 승호와 명원이는 깨끗이 사과를 주고받고 화해를 했다. 승호는 헤드락을 해서 피가 나게 한 것에 대해 사과를 했고, 명원이도 "전교 1등 누나 때문에 재수 없게 군다"고 말한 것에 대해 사과를 했다.

친구와 불화를 겪지 않는 아이의 특성

살아가면서 인간관계를 맺다가 불화를 겪게 되는 데에는 일정한 작동 원리가 있다. 우리가 관계에서 스트레스를 받을 때는 상대에게서 자신의 약점을 보고 못마땅함이나 짜증, 울화를 느낄 때이다. 자신은 그런 약점이 드러나지 않도록 꾹 눌러 참고 있는데 상대가 쉽게 드러내는 것에 화가 치미는 것이다.

부족한 면이나 단점이 없는 사람은 없다. 그렇기에 인간관계를 지속하다 보면 누구에게나 스트레스를 겪는 순간이 찾아온다. 이때 어떻게 대처하느냐가 관계의 질을 좌우하는 관건이 된다.

아이들도 마찬가지다. 처음엔 좋은 모습만 보고 친구가 된다. 그러다 관계를 쌓아나가면서 안 좋은 모습도 보게 된다. 그 모습이 자신 안에 있는 것이 아니면 대개 '쟤는 저렇구나' 하고 넘어가게 된다.

하지만 친구의 단점이 내 안에 있는 것이라면 상황이 달라진다. 이때 자기 자신을 있는 그대로 받아들이는 아이는 친구도 있는 그대로 받아들이게 된다. 그런 아이는 자신의 약점에 대해 '그래, 내가 이런 게 부족해. 그래도 이게 나야'하며 인정할 줄 아는 아이다. 자신을 받아들이는 만큼 친구도 포용할 수 있는 것이다.

반면에 자신의 부족한 면을 받아들이지 못하는 아이는 친구에게서 그런 모습을 볼 때마다 스트레스를 받게 된다. 그 불편함이 불씨가 되어 친구와 자주 다투게 되고, 다툼이 잦아져 큰 싸움이 일어나기도 한다. 그래도 친구니까 사과를 주고받으며 화해를 해보기도 한다. 하지만 싸움이 잦으면 결국엔 관계가 깨지게 된다.

자녀가 친구와 불화에 휘말리지 않길 원한다면 아이를 있는 그대로 받아들여 주는 부모가 되어야 한다. 부모에게 존재 자체로 사랑받는 아이는 자신의 부족한 점도 인정할 줄 아는 아이가 된다. 그런 아이는 자신을 받아들이듯 친구의 부족한 점도 포용할 줄 안다. 그런 아이는 상급 학교뿐만 아니라 사회에 나가서도 인간관계를 잘 맺고 적응력도 뛰어난 건강한 구성원이 된다.

양쪽 이야기를 귀 기울여 들어주는 것이 가장 중요하다

아이가 다툼에 휘말렸을 때 부모는 '내 아이' 말만 들을 수밖에 없다. 상대 아이의 말은 나중에 교사를 통해서 듣게 된다. 하지만 그때는 아이 말을 듣고 부모의 머릿속에서 스토리가 구성되고 판단을 마친 이후다. 나중에 교사가 학부모와 통화하다 상대 아이 입장을 전달하는 과정에서 부모로부터 "왜 상대 아이 편만 드느냐?"는 항의를 받는 일이 자주 발생한다.

그런 일을 예방하기 위해서는 사안이 발생했을 때 바로 학생들에게 사실 확인서를 쓰게 하는 게 좋다. 그런 후 학부모와 통화하여 "댁의 아이는 이러이러하게 썼고, 상대 아이는 저러저러하게 썼습니다"라고 객관적으로 사안을 설명해 주는 게 좋다.

문제를 해결하는 과정에서 교사는 양쪽 학부모와 여러 차례 통화를 하게 된다. 이때 가장 중요한 일은 상대 부모의 이야기를 끝까지 경청하며 들어주는 것이다. 아이에게 문제가 일어난 부모의 마음은 혼란스러울 수밖에 없다. 몹시 불안하고 화가 나기도 한다. 일단 그런 부모의 감정에 충분히 공감해주는 것이 필요하다. "그러시군요. 많이 힘드시겠어요"라는 말로 응답해주면서 말이다.

이때 부모의 말을 끝까지 들어주지 않은 상태에서 "상대방은 그렇게 생각하지 않고 있어요"라며 상대 아이 입장을 설명하면 '선생님이 편파적이다'라고 느끼기 쉽다. 그런 설명은 부모의 감정에 충분히 공감해 준 뒤에 이런 말로 시작하는 게 좋다.

사춘기 아이와 잘 지내시나요

"말씀 잘 들었습니다. 자세히 이야기해주셔서 감사합니다. 제가 상대 아이 부모님 마음을 좀 설명해 드려도 될까요?"

자신이 하고 싶었던 말을 다 하고 감정을 공감받고 난 학부모는 이제 상대 부모의 입장이 궁금해지고 들을 준비가 되어 있다. 따라서 교사의 요청에 동의하고 이야기를 듣게 된다.

생활부장은 승호 어머니와 통화할 때 승호의 감정과 입장을 공감해 주는 일에 힘썼다. 그러고 난 뒤 명원이 어머니와 통화할 때는 명원이의 감정과 입장에 대해 공감해 주며 대화를 나눴다. 물론 들어주는 것만으로 문제가 해결되진 않는다.

소통은 원만하게 이뤄졌지만 합의점을 찾지는 못했다. 명원이는 승호가 누나 친구들을 시켜 협박한 일까지 사과해주길 바랐고, 승호는 자신이 하지 않은 일은 사과할 수 없었다. 이때 생활부장은 나서서 문제를 해결하려고 하지 않았다. 다만 부모의 마음에 공감해 주면서 상대 부모의 입장을 전달해 주는 일에 힘썼다.

생활부장이 명원이 어머니에게 마지막으로 말했다.

"명원이에겐 승호가 누나 친구들에게 부탁해 반으로 찾아와 겁을 준 일에 대해 사과받는 일이 너무 중요하겠어요. 그런데 승호 부모님 입장에서도 승호를 억지로 사과시킬 수는 없는 것 같아요. 승호가 끝까지 누나 친구들한테 그런 부탁을 한 적이 없다고 주장하니까요. 생활부에서 할 수 있는 일은 다 한 것 같습니다. 안타깝지만 학폭위로 진행해야 할 것 같습니다."

명원이 어머니는 다음 날 생활부장에게 "승호가 목에 헤드락을 걸어서 피가 나게 한 일에 대해서만 사과를 받겠다"고 연락해왔다. 이렇게 아이와 부모가 스스로 결정하도록 할 때 사과와 화해가 이루어질 가능성이 더 높다.

교사가 먼저 힘쓸 일은 아이와 부모의 이야기를 귀 기울여 들어주는 것이고, '지금 느끼고 있는' 감정에 충분히 공감해 주는 일이다.

단톡방에 죽고 싶다는 글을 올린 아이

혼자인 저녁마다 든 생각

자영업을 하는 승은이의 부모님은 밤 늦게까지 가게에 매달려야 하는 상황이었다. 외동딸인 승은이가 열두 살 무렵부터 가게가 바빠졌다. 그때부터 어머니도 아버지를 돕느라 딸의 저녁을 챙겨 주지 못할 형편이 되었다. 초등학교 6학년이 되면서 승은이는 혼자 찌개를 데워 저녁 먹는 일쯤은 할 줄 알았다.

승은이는 거의 학원에 다니지 않고 스스로 공부하면서도 반에서 1, 2등을 다툴 정도로 성적이 좋았다. 순하고 부드러운 성정을 타고났고, 어른들에게 늘 예의 바른 아이였다. 어느 곳에서나 흠 잡히는 일 하나 없는 자랑스러운 딸이었다.

　중학생이 된 승은이는 초등학교 때 같은 반이었던 아이들이 만든 단톡방에 들어가 이따금 수다를 떨었다. 여덟 명이 속한 채팅방이었는데 친한 아이도 있었고 그렇지 않은 아이도 있었다. 늦은 밤까지 집에서 홀로 기거하는 시간이 쌓여 가면서 승은이에게 사무치게 외로움이 느껴지는 순간이 찾아오곤 했다.

　–죽어보는 것도 어떨까...

　승은이의 글이 올라 온 순간 아이들의 댓글이 잠시 중단됐다. 승은이는 자신의 글이 아이들에게 영향력을 미쳤다는 사실에 살짝 쾌감을 느꼈다.

　–가끔 자살이라는 걸 생각할 때가 있어.

　그때 미영이의 답글이 달렸다.

　–왜 그런 생각 해...? 힘든 일 있어...?

　친구가 걱정해 주는 글에 가슴이 조금 데워지는 게 느껴졌다.

　승은이는 외롭고 힘든 저녁에도 공부를 손에서 놓지는 않았다. 자신의 성적이 부모님의 고생을 덜어드리는 의미라는 걸 잘 알고 있었기 때문이다. 승은이는 학업 지능이 있었고 좋은 대학에 가고 싶은 목표도 확고했다. 하지만 학원 선생님의 도움을 받지도 않고 함께 학원 다니는 친구도 없이 하는 자기만의 공부가 종종 힘에 부쳤다. 그럴 때마다 자기도 모르게 단톡방에 넋두리를 늘어놓게 되었다.

–죽는 것도 괜찮지 않을까...

지독한 외로움이 느껴질 땐 이대로 사라져 버리고 싶다는 느낌이 들기도 했다. 그날은 친구들의 반응이 없었다. 미영이 들어와 있지 않은 것 같았다.

–자살하고 싶어...

승은이의 글에 누군가 답글을 달았다.

–하수구 물 마시고 죽어.

초등학교 때 회장이었고 지금도 회장인 남자애가 올린 글이었다. 승은이가 잘못 읽은 거라고 생각한 순간 다른 글이 올라왔다.

–오히려 좋아.

전 남친의 글이었다. 이어서 남자아이들의 게임 이야기가 계속 이어졌다. 승은이는 이게 뭐지, 하며 머릿속이 텅 빈 것 같은 느낌이 들었다. 서둘러 단톡방을 나왔지만 두 아이의 말이 머릿속에서 떠나지 않았다.

그날 밤 승은이는 하수구 물을 마시는 이미지가 머릿속으로 계속 떠올라 잠을 이룰 수 없었다. 자꾸 구토가 올라와 화장실을 들락거려야 했다. 전 남친의 '오히려 좋아'라는 말이 떠오를 때마다 하수구 물이 뱃속에서 솟구쳐 올라왔다. 세상이 핑핑 돌면서 이런 게 공황 발작이구나 싶었다.

죽고 싶었던 게 아니라 너무 힘들었던 거야

중학교에 올라와서도 승은이는 꾸준히 성적을 유지했고 말썽 한 번 부린 일이 없었다. 하지만 승은이의 내면 어딘가에서 뭔가 소리 없이 무너져내리고 있었다. 중학교부터는 학원을 아예 다니지 않은 채 집에서 혼자 공부하는 생활을 이어 나갔다. 집에 돌아온 후부터 부모님이 귀가하시는 밤 10시까지 홀로 삶을 지탱하는 시간이 길어지면서 승은이는 외로움에 지쳐갔다. 자신을 위해 이른 아침부터 늦은 밤까지 장사에 매달리는 부모님에게 힘든 내색을 하는 건 승은이의 성향이 아니었다. 부모님이 자신을 목숨보다 더 사랑하시는 걸 알기에 더 그런 말이 나오지 않았다.

승은이는 하루를 더 버티고 그다음 날에 상담실을 찾아갔다. 전날도 꼬박 밤을 새우며 구토를 하고 난 뒤 탈진한 채로였다. 진정될 줄 알았던 하수구 상상과 '오히려 좋아'의 폭격이 계속되고 있었다.

승은이의 상태가 심각하다고 판단한 상담 선생님은 바로 생활부로 신고를 했다. 곧 승은이의 사실 확인 조사가 이루어졌고, 회장과 전 남친에게도 조사가 이루어졌다. 회장과 전 남친은 순하고 반듯해 보이는 남자아이들이었다.

두 아이는 자살하고 싶다는 승은이의 말을 진지하게 받아들이지 않은 듯 보였다. 실없는 말로 여기고 농담처럼 '하수구 물 먹고 죽어', '오히려 좋아'라고 올린 글인 듯했다. 남자아이들로서는 상상도 할 수 없는 일이었겠지만, 그 생각 없는 말들이 승은이에게 구토와 발작을 일으키는 고통을 안겨 준 것이었다.

승은이가 자살 같은 건 할 아이가 아니라고 느꼈기 때문에 그런 대응을 했을 수도 있었다. 하지만 '고의가 없는 잘못'도 엄연한 잘못이고 범죄였다. 자살하고 싶다는 말을 하는 상대에겐 그것이 사실로 와닿지 않을지라도 생명을 버리라는 말은 해서는 안 되는 것이었다.

승은이가 겪은 일들을 들려주었을 때 회장과 전 남친은 믿기지 않는 듯 얼떨떨한 표정을 지었다. 아이들은 마음 속 깊이 승은이에게 사과하기를 원했다. 물론 부모님들도 마찬가지였다.

승은이 어머니는 남자아이들의 사과를 받고 화해를 하겠다고 했다. 사흘 뒤 세 가정의 학생과 보호자들이 상담부실에 모였다.

회장이 조금 얼이 빠진 얼굴로 승은이에게 사과를 했다. 자기 행동의 충격적인 결과가 아직도 믿기지 않는 듯한 표정이었다. 전 남친도 죄책감이 가득한 얼굴로 진심을 다해 사죄를 했다. 그 모습을 보던 승은이 어머니가 눈물을 흘리며 말했다.

"아니야! 너희들 잘못이 아니야. 내가 잘못한 거야."

어머니의 얼굴에서 눈물이 주체할 수 없이 흘러내렸다.

"내가 엄만데… 딸이 그렇게 힘든 것도 몰랐어… 내가 미안해. 아줌마가 잘못한 거야."

승은이도 어머니 옆에서 하염없이 눈물을 흘렸다.

그날의 대화는 생활부에서 시도했던 모든 화해 조정을 통틀어 가장 아름답게 마무리되었다.

저녁 식사만큼은 함께 하는 부모가 되자

잘 크는 아이가 있다. 부모와 성격이나 기질이 잘 맞아 반항 한 번 하는 일 없이 잘 따른다. 공부 머리가 있고 성실성도 타고 나 성적도 잘 나오는 편이다. 모난 데가 없어 친구 관계도 원만하다. 주위 어른들로부터 늘 칭찬을 받는 아이여서, 부모는 부러움의 대상이 되곤 한다.

부모는 그런 아이에 대해 잘 알고 있는 것일까? 그 아이는 '잘 크는 것 같은' 아이일 수 있다. 사춘기에 이른 뇌는 저마다 불안하고 혼란스럽고 종종 한계에 다다른다. 아직 미숙한 아이는 한 치 앞을 내다볼 수 없는 미로 속에서 어른이 되는 길을 홀로 개척해 나가야 한다. 유난히 힘들어하는 아이든지 잘 성장하고 있는 것 같은 아이든지 누구에게나 지독히 외로운 길인 것이다.

따라서 부모는 이런 생각을 경계할 필요가 있다.

'내 아이는 참 알아서 잘 크는 아이야.'

'내가 너 때문에 산다.'

혼자 알아서 잘 크는 것 같은 아이에게도 깨어 있는 부모가 필요하다. 힘겹지 않거나 혼란스럽지 않은 십대는 없기 때문이다.

승은이 어머니는 그 후 아무리 가게가 바빠도 저녁 시간에는 집에 들러 딸과 함께 밥을 먹으며 대화를 나눴다. 딸에게 위기가 찾아왔을 때 어머니는 '우리 애는 잘하고 있어'라는 환상에서 화들짝 벗어났다. 자신이 얼마나 딸의 사춘기에 무지했는지 아프게 깨달았다.

부모는 아이가 잘 크고 있는 것 같을지라도 사춘기 때만큼은 세심하게 관찰할 필요가 있다. 아이의 표정이나 말투에서 그늘이 없는지 살피는 일이 필요하다. 승은이의 경우처럼 잠자는 시간이나 식사량에 변화가 있을 경우 그 신호를 놓치지 않는 게 중요하다.

부모가 주의 깊게 아이의 얼굴을 바라보고 태도를 살필지라도 위기가 찾아올 수 있다. 부모는 신이 아니기에 아이 내면을 모두 들여다 볼 수 없기 때문이다. 하지만 아이에게 위기가 닥쳤을 때는 반드시 깨어나야 한다. 모든 관심과 정성을 모아서 아이에게 집중해야 한다. 그리고 아이에게 놓치고 있었던 게 무엇이었는지, 아이가 무엇을 느끼고 있는지, 지금 아이가 진정으로 바라는 게 무엇인지 찾아내야 한다.

위기는 아이에게 소중한 것을 되찾아 줄 수 있는 절호의 기회다. 아이와 더 긴밀하게 연결될 수 있는 계기가 돼 준다. 승은이

사춘기 아이와 잘 지내시나요

어머니는 딸이 죽음을 생각하며 자학했을 때 어머니로서 깨어나야 한다는 신호를 놓치지 않았다. 딸이 잘해 나가고 있었던 게 아니라 가까스로 버텨내고 있었음을 아프게 알아차렸다. 돈을 더 적게 벌더라도 아이의 저녁에 엄마를 선물하는 것이 딸을 살리는 길이라는 걸 깨닫고 즉시 실행에 옮겼다.

무엇보다 아이의 위기는 부모의 사랑을 아이에게 심어줄 수 있는 절호의 기회다. 승은이 어머니는 딸 앞에서 머리를 조아리고 있는 친구들에게 너희가 잘못한 게 아니라며 뜨거운 눈물을 흘렸다. 딸이 마음 깊이 병들어가고 있었는데 그걸 알아차리지 못했던 어머니의 참회의 눈물이었다. 어머니 옆에서 펑펑 울면서 승은이는 자신을 향한 어머니의 사랑이 얼마나 깊은지 온몸으로 느꼈다. 어머니와 강하게 연결된 그 사랑으로 이제 어떤 일이 닥쳐와도 헤쳐 나갈 수 있을 거라 느끼며 안심되었을 것이다.

사례 3

방 안에서
나오지 않는 아이

장기결석 학생의 가정 방문을 가다

다희가 연속으로 학교에 나오지 않은 지 일주일이 넘었을 때 담임선생님은 상담 선생님과 함께 가정방문을 갔다. 2학년 1학기 말부터 하루 이틀씩 결석을 하던 다희는 2학기부터 내리 결석을 하고 있었다.

　다희는 몇 년 전 부모님이 이혼한 후부터 아버지와 함께 살았다. 초등학교 때까지는 아버지와 큰 갈등이 없었다. 중학생이 되고 1학년 때까지도 표면적으로 큰 충돌은 없었다. 중2가 된 후부터 다희는 밤늦도록 게임하는 문제로 아버지와 자주 다투곤 했다. 더 이상 고분고분한 딸이 아니었다.

사춘기 아이와 잘 지내시나요

아침 9시 반쯤 다희의 집에 도착해 보니 아버지가 문 앞에서 선생님들을 맞았다. 선생님들이 집에 들어간 후에도 다희는 방에서 잠들어 있었다. 다희는 새벽까지 게임과 채팅을 하다 아침에 일어나지 못하는 생활을 반복하고 있었다. 담임선생님이 다희를 깨운 뒤 상담을 했다.

다희는 아버지와 소통이 전혀 안 된다고 하소연을 했다. 아버지가 어릴 적 가난했던 일들을 이야기하며 "너는 아버지가 먹여주고 재워주고 다 해결해주는데 왜 공부 하나 제대로 안 하냐"고 혼내는 말들이 구닥다리 같다고 했다.

다희가 바라는 건 지방에 살고 있는 어머니와 함께 사는 것이었다. 어머니와는 한 달에 한 번씩 꾸준히 만나왔고, 의논할 일이 있으면 전화로도 통화해왔다. 하지만 어머니의 경제적 상황이 딸을 데리고 갈 형편은 아닌 듯했다. 어머니는 겨울쯤 가능할 것 같다고 하셨다는 데 그조차 확실하지 않은 것 같았다. 다희는 아버지와 몇 달을 더 살아야 한다는 것과 어머니와 사는 것이 불확실하다는 것에 좌절하여 자포자기한 삶을 살고 있었다.

다희와 상담을 마치고 난 선생님들은 아버지와도 함께 대화를 나눴다. 아버지는 다희가 어머니와 합치는 것에 대해 반대하지 않는 입장이었다. 딸과의 동거에 지칠 대로 지친 듯 보였다. 다희가 어머니와 합치도록 경제적으로 도울 마음도 있었다. 다만 어머니의 직장 사정 때문에 시간이 필요한 상황이었다. 담임선생님이 조심스럽게 학업중단숙려제라는 제도를 설명해 주었다.

"다희가 어머니와 합치기 전까지 학업중단숙려제를 하는 방법이 있어요. 그렇게 되면 일주일에 한두 시간 상담한 것으로 일주일 전체 출석이 인정됩니다. 최대 7주까지 가능하고요."

그 말에 다희가 솔깃해하며 관심을 보였다. 아버지가 난처해하며 말했다.

"다희 엄마가 반대할 것 같아요. 다희랑 함께 사는 조건이 학교에 잘 다니는 것이거든요. 이렇게 아침에 일어나지도 못하면 엄마도 안 데려갈 거라고 했어요."

다희는 그 말을 듣고 낙담한 얼굴로 고개를 숙였다. 상담 선생님이 다희와 대화를 나누는 동안 담임선생님이 아버지와 따로 이야기를 나눴다.

"다희가 지금 자포자기한 상태잖아요. 고의로 자신을 망가뜨리고 있는 거구요. 그럴 땐 부모님이 한발 물러서서 기다려주는 것도 필요한 일인 것 같아요."

아버지가 심각한 얼굴로 고개를 끄덕였다.

아버지하고는 더 이상 못 살겠어

담임선생님은 다희에게 이런 신신당부를 남기고 돌아왔다.

"선생님 전화는 좀 받아. 카톡 보면 꼭 답신 보내고."

다희는 그러겠다고 건성으로 말하며 대충 고개를 끄덕였다. 획기적인 변화가 없는 한 다희의 결석은 계속될 것 같았다. 다희는 아버지의 옛날식 훈계와 잔소리에 질려버린 듯했다. 마음이 돌덩이처럼 굳어 버려 아버지와의 동거가 불가능해 보였다.

다음 날도 다희는 학교에 나오지 않았다. 그래도 담임선생님의 문자에 답신은 보냈다. 아침에 못 일어났다며 내일은 꼭 학교에 가겠다고 했다. 선생님은 다희 어머니와도 통화를 했다. 어머니는 직장 때문에 당장 딸을 만나러 갈 수 없는 상황이라고 했다. 다희를 자신의 집으로 데리고 갈 수도 없는 형편인 듯했다. 다희는 다음 날에도 그다음 날에도 학교에 오지 않았다. 그렇게 다시 한두 주가 흘러갔다.

얼마 뒤 다희가 3주 만에 학교에 나왔다. 그동안 적지 않은 변화가 있었다. 다희는 엄마의 언니인 큰이모네서 지내고 있었다. 큰이모네 집은 사십 분 정도 버스를 타고 와야 하는 곳에 있었다. 큰이모가 다희와 함께 버스를 타고 학교 앞까지 데려다주었다고 했다. 다희는 다음날부턴 자기 혼자 버스를 타고 올 수 있을 것 같다고 했다. 주말에 엄마가 오기로 했다며 밝아진 얼굴로 웃었다.

큰이모가 이틀 더 학교 앞까지 바래다준 뒤부터 다희는 혼자 버스를 타고 학교에 왔다. 지각도 거의 하지 않았다. 며칠 뒤 비가 오던 날 지각한 다희는 담임선생님에게 '버스가 연착해서 늦을 것 같아요'라고 문자를 보내기도 했다.

어머니가 과감히 결단을 내린 것 같았다. 다희가 더 이상 아버지와 살게 해서는 안 되겠다고 판단한 어머니는 큰언니에게 몇 달 동안만 다희를 맡아달라고 부탁했다. 다행히 큰이모는 다희를 자상하게 품어주었다. 다희는 몇 달 뒤 어머니와 함께 살 수 있다는 희망을 품고 학교생활을 잘해 나갔다. 무엇보다 아버지의 설교와 잔소리를 듣지 않게 된 것이 다희에게 힘이 나게 한 것 같았다.

감정은 마음이 아니라 몸에서 오는 것이다

감정은 몸과 밀접한 관계가 있는 정서적 신호다. 느낌과 감정은 머릿속에서 만들어지는 것이 아니라 몸에서 올라오는 것이라고 한다. "슬퍼서 가슴이 아프다", "기쁨으로 온몸이 떨린다", "사촌이 땅을 사면 배가 아프다"는 말이 있다. 실제로 가슴이 아프고, 몸이 떨리고, 배가 아픈 것이다. 분노와 혐오, 짜증 등의 감정은 몸에서 시작되는 것이다.

부모에게 반항하는 기점이 중학교 2학년이 되는 것은 몸이 가장 급격히 커지는 시기이기 때문이다. 몸의 사이즈와 몸에서 올라오는 신호들이 더 이상 '아이'가 아니라는 메시지를 보내오고 있다. 그런 '청소년'에게 부모의 훈계와 잔소리는 더 이상 맞지 않는 옷과 같다고 볼 수 있다.

중2가 된 다희에게 아버지의 설교와 훈계는 몸을 옥죄는 작은 옷 같은 것이었다. 다희에겐 이제 다른 옷이 필요했는데, 어머니의 결단으로 큰이모의 보호라는 새로운 옷을 입게 된 것이었다. 몇 달 뒤에는 어머니와도 함께 살게 될 거라는 희망이 다희를 일으켜 세웠다고 볼 수 있다.

다희는 어머니라는 피난처가 있었기에 우울과 무기력의 늪에서 빠져나올 수 있었다. 학교에는 불안과 우울, 무기력의 삶에서 헤어나오지 못하는 아이들이 적지 않다. 최근엔 커터칼로 손목이나 허벅지를 그으며 불안을 달래는 아이들이 증가하고 있다. 칼이 살을 베는 순간 느껴지는 짧은 쾌감에 중독되는 것이기도 하다.

무기력과 무감정은 분노나 슬픔보다 더 낮은 수준의 의식이다. 상대에게 화를 터뜨릴 수 있고 눈물을 흘릴 수 있다는 것은 에너지가 그보다는 높다는 뜻이다. 아이가 방안에 틀어박혀서 학교에 가지도 않고 아침에 일어나지도 못하는 건 에너지가 고갈된 상태라고 볼 수 있다. 그런 상태에서 아이의 자기 조절력은 더 약해지고 잠자는 시간은 더욱 불규칙해진다. 아침에 늦게 일어나 학교에 가지 못하는 것보다 더 문제가 되는 것은 수면의 질 하락으로 아이의 생활이 망가지는 것이다.

제대로 먹지 않고 충분히 쉬지 못하고 잘 자지 못하는 몸은 회복력을 상실해 삶 자체를 무너뜨린다. 이렇게 마음 근력과 회복력이 손상된 아이에게 "학교에 나가야 한다", "아침에 일찍 일어나라"고 말해도 마음에 입력되지 않는다.

이럴 땐 "감정은 몸에서 시작된다"라는 관점으로 돌아가야 한다. 무엇으로든 아이가 몸을 움직이게 하는 것이 중요하다. '학교에 나가야 한다'는 당위를 잠시 미뤄둘 필요가 있다. 당장 필요한 것은 어디든 방안에서 나가 움직이는 것이기 때문이다. 친구들과 만나 늦게까지 어울려 노는 것이 홀로 방안에 갇혀 생활하는 것보다는 낫다. 사회적 관계를 맺고 타인과 상호작용을 하는 것이기 때문이다. 방 안에서 나오지 않는 삶은 아이에게 필요한 자극과 활동을 제공하지 못해 더 위축되고 고립된 삶을 살게 만든다.

아이가 관심 갖는 활동을 찾아 주는 것이 필요하다. 아이에게 시간이 필요하다면 기다려주는 것도 중요하다. 아이가 관심을 가졌던 활동, 좋아했던 장소, 흥미를 느꼈던 일이 무엇이었는지 기억을 더듬어 아이가 그것을 향해 움직이게 하는 것이 좋다.

필요하면 체험학습이나 학업중단숙려제를 쓰면서 몇 주 동안 뭐라도 해 보게 하는 게 낫다. 움직이는 몸은 정상적으로 먹게 되고 쉬게 되고 자게 되기 때문이다. 우울과 무기력에 빠진 아이를 일으켜 세우는 길은 몸을 움직이게 하는 것이다. 열쇠는 마음이 아니라 몸에 있다.

사례 4

부모의 변화로
동생을 포용하게 된 아이

동생을 이겨먹으려는 언니

보영이는 중학생이 된 후에도 어린 동생과 다툼이 잦았다. 동생은
보영이보다 여섯 살이나 어린 초등학교 1학년이었다.

보영이는 동생과 잘 놀아주다가도 불같이 화를 낼 때가 있었다. 부
드러운 성정을 타고난 동생은 언니에게 양보하길 잘해서 부모님의
칭찬을 독차지하곤 했다. 그런 모습을 볼 때마다 보영이는 더 부아
가 치밀었다.

저녁을 먹고 난 자매가 거실에서 각자 책을 읽으며 모처럼 사이좋
은 시간을 보내고 있었다. 동생은 요즘 읽고 있던 동화책에 빠져 있

었다. 어머니는 둘째가 책 읽는 모습을 보는 것만으로도 기쁨의 미소가 절로 흘러나왔다. 그 모습을 본 보영이가 갑자기 읽고 있던 책을 내려놓으며 말했다.

"나 이 책 안 읽을래!"

저녁의 평화가 깨진 순간 어머니의 얼굴에서 '또 시작이네'라는 표정이 떠올랐다.

"갑자기 잘 읽던 책을 왜 안 읽겠다는 거야?"

보영이가 동생이 읽고 있던 동화책을 가리키며 말했다.

"저거 읽을래."

어머니가 한숨을 내쉬고 난 뒤 보영이를 달랬다.

"저 동화책에 동생이 요즘 빠져 있는 거 알잖아? 왜 갑자기 저걸 읽고 싶다는 거야?"

어머니가 다른 책을 권해도 보영이는 동생이 읽고 있는 책만 고집했다. 동생의 얼굴에서 책을 뺏길까 봐 두려워하는 표정이 떠올랐다. 그걸 본 보영이는 속으로 고소함을 느꼈다. 엄마와 언니의 실랑이를 보던 동생이 잠시 뒤 책을 언니한테 건네며 양보했다. 어머니가 흐뭇해하면서 말했다.

"아유! 우리 막내는 언니한테 양보도 참 잘해."

어머니는 동화책을 보영이에게 건네준 뒤 동생과 함께 다른 책을 찾으러 갔다. 그사이 마음이 꼬여버린 보영이가 동화책을 거실에 집어 던지며 말했다. "나 안 읽어!" 그러고는 갑자기 설움에 북받쳐 울음을 터트렸다. 어머니가 달려와서 첫째를 꾸짖으며 말했다.

"네가 읽고 싶다는 동화책 줬잖아. 그런데 왜 울어?"

보영이는 대답도 하지 않은 채 계속 울기만 했다. 울다가 소리치다가 하며 제 분을 이기지 못했다. 어머니는 딸이 이렇게 행동할 때마다 견디기 힘든 좌절감에 사로잡혔다.

한 번도 내 얘기를 끝까지 들어 준 적 없어

보영이는 왜 이러는 것일까? 보영이는 '억울한 첫째'의 전형적 예라고 볼 수 있다.

첫째의 인생은 둘째에 비해 여러모로 불리한 게임이다. 둘째가 태어난 순간부터 첫째의 돌봄과 관심, 애정, 인정의 욕구는 후순위가 된다. 동생이 영원히 이삼 년 정도 어리기에 이 게임은 평생 질 수밖에 없는 게임이다.

둘째는 첫째라는 반면교사를 보면서 '부모의 애정을 잃지 않는 법', '부모의 보호본능을 자극하는 법' 등의 노하우를 본능적으로 터득해 나간다. 적지 않은 가정에서 첫째들은 태생적으로 결핍과 박탈감을 느끼며 성장하게 된다.

보영이는 자신이 부모님에게 늘 후순위라고 느끼고 있었다. 부모님이 자신의 이야기를 끝까지 귀 기울여 들어준 적이 없다고 느꼈다. 특히 동생과 의견이 맞섰을 때 부모님은 늘 동생 편을 들었다.

동생은 부모님의 사랑을 얻는 방법을 아는 아이였다. 부모의 사랑은 무한한 것이 아니라 한정된 것이다. 형제는 그 사랑을 나눠 갖는 존재일 수밖에 없다. 부모님의 사랑을 얻는 일에서 동생은 보영이가 결코 이길 수 없는 상대였다. 타고난 공감과 애교로 동생은 점점 더 많은 사랑을 받았고, 그런 동생에 대한 질투와 시기로 보영이의 몫은 점점 더 줄어들었다. 보영이는 부모님에게 제발 자신의 속마음을 알아 달라고 떼쓰고 있는 것이다. 자신의 이야기가 부모님에게 닿지 못하고 있다고 호소하고 있는 것이다.

그즈음 어머니는 독서토론 모임에서 보영이에 대한 고민을 털어놓았다. 그 말을 듣고 난 한 회원이 말했다.

"동생은 그동안 엄마가 자신의 이야기를 끝까지 들어준다는 걸 경험해 왔어요. 언니한테 동화책을 양보할 수 있었던 건 가진 자의 여유 같은 거죠. 책을 잃어도 엄마의 사랑은 자신의 것이라는 것을 아는 거예요. 반면에 보영이는 한 번도 이겨본 적이 없어요. 계속 졌기 때문에 이기는 법을 알 수 없는 거죠. 사랑받는 법에서 점점 멀어지는 거예요."

그 말을 듣고 난 어머니는 큰 충격을 받았다. 그제야 자신이 늘 야무지고 똑똑한 언니보다 어리고 연약한 동생 편을 들어왔다는 걸 깨닫게 되었다.

그 후부터 어머니는 보영이의 이야기를 끝까지 들어주고 보영

사춘기 아이와 잘 지내시나요

이의 감정에 공감해 주려고 노력했다. 이따금 보영이가 이해되지 않는 행동을 할 때도 '그래, 우리 첫째는 이런 애야' 하며 수용해 주려고 최선을 다했다. 그러면서 큰애와의 관계가 조금씩 회복되어 갔다.

'듣고 있다'는 것을 알려주는 말로 대화를 시작해라

보영이도 전보다 어머니를 한결 편하게 대하고 있었다. 동생과 갈등 상황에서 엄마가 "넌 크니까 알아서 해야지"라고 말하지 않고 "지금 보영이가 바라는 게 뭔지 말해 줄래?"라고 물으며 이야기를 들어주려고 노력한 것이 전환점이 되었다. 그러면서 첫째가 신경질적으로 화를 내는 일이 크게 줄어들었다. 그렇게 관계가 개선되고 있었지만 이따금 실망감을 느끼는 일이 찾아오기도 했다.

5월에 학교폭력실태조사를 하던 날이었다. '부모님과의 관계가 원만한 편인가?'라는 질문에 답을 달던 보영이가 짓궂은 얼굴로 엄마에게 물었다.

"뭐라고 해야 되지? '보통'이라고 해야 하나, '아니오'라고 해야 하나?"

그 말에 어머니가 펄쩍 뛰며 말했다.

"무슨 소리야? '그렇다'라고 해야지!"

어머니 말에도 보영이는 계속 고민하며 한동안 체크를 하지 못했다. 그 모습을 보며 어머니는 그동안 첫째와의 관계가 많이 회복된 줄 알았는데 그게 착각이었다는 생각이 들었다.

며칠 뒤 TV를 보다가 보영이가 다시 속내를 드러낸 일이 있었다. 예능 프로그램에서 다섯 살인 딸이 젖먹이 동생 때문에 심통을 부리는 장면이 나왔다. 부모의 관심과 사랑이 아기에게만 집중되자 착했던 딸이 떼를 쓰다 결국 울음을 터트렸다. 그 모습을 보던 보영이가 혼잣말처럼 "첫째는 다 저렇게 피해를 입는다니까"라고 말했다. 그 말을 들은 어머니가 맞장구를 치며 딸에게 말했다.

"그래! 어느 집이나 첫째는 다 비슷한 거야. 너만 그런 게 아니었어."

"그래도 엄마랑 아빠가 동생 편을 많이 들긴 했어."

다행히 그 말을 할 때 보영이가 짜증을 내지 않고 편하게 말했다. 하지만 어머니는 그 모습을 보며 '아직도 갈 길이 멀구나' 하는 생각이 들었다.

아이가 부정적인 속내를 표현한다는 것은 그만큼 관계가 편해졌다는 뜻이다. 어쨌든 아이와 부모의 소통이 열렸다는 뜻이기도 하다. 이때 부모는 '듣고 있다'는 것을 알려주는 말로 아이 마음속 이야기가 나오게 해주는 것이 좋다.

보영이가 첫째는 다 힘들다고 말했을 때 이렇게 반응해주었으면 좋았을 것이다.

사춘기 아이와 잘 지내시나요

"보영이는 첫째가 늘 피해를 입는다고 생각하는구나. 언제 그런 생각이 들었는지 엄마한테 얘기해 줄 수 있어?" 또는 "보영이가 많이 힘들었나 보네. 그때 어떤 마음이었는지 엄마한테 말해 줄래?"라고 물어봐 주었다면 좋았을 것이다.

그랬다면 보영이가는 '엄마가 내 이야기를 듣고 싶어 하는구나'라고 느끼고 자신의 이야기를 풀어낼 수 있었을 것이다.

보영이가 학교폭력실태조사를 하면서 '부모님과의 관계가 원만하다고 할까, 아니다고 할까' 고민하고 있었을 때도 이렇게 물어봐 주었다면 좋았을 것이다.

"보영이가 뭐라고 답해야 좋을지 고민되나 보네. 뭐가 고민되는지 엄마한테 말해 줄 수 있어?"

어머니 말을 듣고 보영이는 자신의 이야기를 풀어낼 수도 있고 그냥 넘어갈 수도 있다. 만약 자신의 속내를 표현한다면 부모는 온 마음을 다해 아이 이야기를 들어주어야 한다. "그랬구나", "그때 많이 힘들었겠네"라는 말로 호응해주면서 아이 이야기가 끝날 때까지 들어주도록 하자. 그런 경험들이 아이로 하여금 자신이 이해받고 있다는 느낌을 갖게 해줄 것이기 때문이다. 그것은 자신이 사랑받고 있다는 느낌이기도 하다.

부모는 아이의 이야기를 끝까지 마무리하도록 돕는 존재여야 한다. 물론 매번 그렇게 해줄 수는 없다. 보영이의 경우처럼 자신의 깊은 속내를 이야기를 할 때는 꼭 그런 부모가 돼줘야 한다.

사례 5

엄마를
포기한 아이

불안한 아이, 더 불안한 엄마

소라가 1학기 회장이 됐을 때 교실 한쪽에서 수군거리는 소리가 들렸다.

"소라가 회장이야…?"

"헐…? 저런 애가!"

소라와 같은 초등학교를 나온 아이들이 혀를 내두르고 있었다. 그 모습을 본 담임선생님은 살짝 걱정이 되었다. 그래도 소라의 환한 웃음과 씩씩해 보이는 인상을 믿어보기로 했다.

2주 뒤 학부모총회 때 만난 소라 어머니는 정서적으로 불안해 보

사춘기 아이와 잘 지내시나요

였다. 살짝 눈깜박임 틱 증상이 있었고 뭔가에 쫓기는 듯한 인상을 주었다. 그래도 몇 주 뒤 학급단합대회 때에는 회장 어머니 역할을 잘해주었다. 그날 소라와 소라 어머니는 행사장 청소와 교실에 남아 있던 음식물쓰레기까지 말끔히 정리해주었다.

소라가 학급 회장 역할을 무난히 해낸 건 중간고사 이전까지였다. 소라 나름대로 최선을 다해 준비했는데 중간고사 성적이 잘 나오지 않았다. 그 일을 계기로 소라의 학교생활은 무너지기 시작했다. 수업 종이 울리고 몇 분이 지난 뒤 교실에 들어오는 일이 잦았고 수업 태도도 점점 나빠졌다. 수업 시간에 앞뒤 친구들과 자주 떠드는 소라를 보며 아이들이 회장이 저런다며 손가락질했다.

그래도 "회장이 솔선수범하지 못한다"는 말을 듣던 1학기 때의 소라는 양반이었다. 2학기에 회장을 내려놓은 후부터 '막 나가는' 아이가 되었다. 준비물이 없거나 태도가 좋지 않다고 선생님들께 자주 지적받았다. 가장 문제가 됐던 건 조회와 종례 시간에 갑자기 사라지는 것이었다.

소라는 담임선생님이 잘못한 행동에 대해 이야기할 때마다 천진난만한 웃음을 지었다. 웃음으로 얼버무리려는 일종의 방어 수단 같은 웃음이었다. 3월에 보였던 환한 웃음과는 느낌이 사뭇 달랐다. 선생님은 소라와 같은 초등학교를 나온 아이들이 소라가 회장이 된 사실에 왜 의아해했는지 알게 되었다. 왜 소라 어머니가 안절부절못했는지도 이해하게 되었다. 학교 부적응 학생이라는 소라의 실체를 알고 있던 아이들의 반응이었다.

9월 무렵 선생님은 소라네 집으로 가정방문을 갔다. 소라 어머니가 맥이 하나도 없는 목소리로 말했다.

"선생님, 저한테 소라는 내 놓은 자식이에요. 저랑은 안 맞아요…."

어머니는 딸에게 지긋지긋해하고 있었다. 초등학교 6학년 때부터 서로 소통을 거의 하지 않는다고 했다. 지방에서 일하고 있는 아버지하고는 소라가 가끔 통화를 한다고 했다. 어머니의 얼굴은 소라에 대해 지칠 대로 지쳤다는 표정이었다.

가정방문을 마치고 돌아오며 선생님은 소라의 웃음을 떠올리게 되었다. 3월에 보였던 웃음은 중학생으로서 새로운 삶을 살기로 결심한 아이의 희망찬 웃음이었다. 그 웃음은 너무도 슬픈 웃음으로 변해 있었다. 엄마와 단절된 아이의 서글픈 웃음이었다. 아무리 웃어봐도 소라는 서글퍼질 수밖에 없는 아이였다.

엄마가 먼저 날 포기했어

학년이 올라갈수록 소라는 엄마와 멀어져 갔다. 집에서 겉도는 아이가 되었다. 소라는 24시간 패스트푸드 매장에서 밤을 새우거나 자주 친구네 집에서 지냈다. 늘 용돈이 부족해 주말엔 식당에서 아르바이트를 하기도 했다. 집에 들어가면 어머니가 알은체도 하지 않는 게 오래전 일이었다. 3학년이 된 소라는 거의 집 밖에서 기거하고 있었다. 이따금 집에 들어갈 때는 어머니가 잠든 늦은 밤에 들어가곤 했다.

소라에겐 친구들이 전부였다. 인근 학교 일진들과 졸업한 선배들까지 두루 친했기에 아이들에겐 두려움의 대상이었다. 소라는 여러 차례 학교폭력 사건을 일으켰다. 몇 건은 사과를 하고 화해 조정이 되었다. 그러다 급식실에서 후배한테 욕을 한 사건 때문에 학폭위에 넘어가고 말았다.

소라는 충동을 조절하는 능력을 상실해갔다. SNS에서 소라에게 낙인찍힌 아이는 집요한 댓글 테러를 당했다. 학폭위가 한 번 더 열리게 됐고 소라에게 강제 전학 위기가 닥쳐왔다. 소라는 여전히 잘 웃었지만 그 웃음은 점점 울음을 닮아갔다.

소라는 학폭위 심의를 앞두고 아버지가 기거하고 있는 지방으로 전학을 갔다. 엄마 곁을 완전히 떠난 것이었다. 전학을 가기 전 선생님을 찾아온 소라는 새로운 출발을 다짐하며 특유의 우는 것 같은 웃음을 지어 보였다.

"선생님, 저 거기 가서 잘하려구요. 공부도 빡세게 해서 엄마 보란 듯이 잘 살 거예요."

그 말을 할 때까지도 소라의 마음엔 '엄마'가 자리 잡고 있었다.

지방으로 내려간 후 아버지와 지내면서 소라는 나름대로 재밌

게 지냈다. 아르바이트하며 배운 김치찌개를 요리해서 아버지에게 칭찬을 듣기도 했다. 그러다 아버지가 지방 현장에서 일하게 되면서 다시 삶이 삐걱거렸다. 낯선 학교에서 외로운 생활을 하고 집에 돌아오면 아무도 없었다. 열여섯 여자아이에게 빈집에서의 저녁은 너무 길었다. 타지에서 외로움에 사무친 소라는 술을 입에 대기 시작했다. 술에 취한 채 서울의 친구들에게 전화를 걸었다. 친구와 수다를 떨 때는 외로움을 잊을 수 있었다. 통화를 끝낸 뒤 다시 맞은 외로움은 더 시리고 추웠다. 소라는 점점 더 술에 의지하게 되었다.

고등학교 입학 원서로 중3들이 한창 바쁜 어느 날이었다. 선생님은 급식실에서 옛 친구들과 함께 줄을 선 소라를 발견하고 깜짝 놀랐다. 소라를 급식실 밖으로 데리고 나간 선생님이 물었다.

"학교는 어떻게 하고 여기 온 거야?"

"쨌죠, 뭐. 호호호….."

선생님은 소라의 웃음이 너무 외로워 보여서 돌려보낼 수가 없었다.

"소라야, 이왕 들어왔으니까 오늘은 친구들이랑 밥 먹고 가. 대신 다음부턴 안 되는 거야."

소라는 크게 감사 인사를 한 뒤 급식실로 다시 들어갔다. 그날 친구들과 급식을 먹고 돌아간 소라는 다시 학교에 나타나지 않았다. 그 후 선생님은 소라에 대한 소식을 더 이상 듣지 못했다.

사춘기 아이와 잘 지내시나요

아이라는 거울로 자신을 비춰보는 부모가 되라

학교에서 가장 슬픈 말은 이 말일 것이다.

'엄마가 포기한 아이.'

남학생과 여학생을 불문하고 가장 처절하게 망가지는 아이는 엄마가 포기한 아이다. 이런 아이들에겐 초등학교까지 엄마와 긴밀하게 소통해 왔다는 공통점이 있다. 학업에서 상위권의 성취를 이뤘던 경우도 많다. 하지만 초등학교에 한해서의 성적이다. 중학교에 들어온 후부터 부모의 기대치에 못 미치면서 어머니와 아이는 극심한 갈등 상황에 처하게 된다. 그러다 중1이나 중2를 기점으로 엄마에게 '내놓은' 자식이 된다. 엄마가 소통을 거부하는 아이, 엄마로부터 단절된 아이가 된다.

이때 아버지들이 나서서 아이에게 공감해 주려 하며 어떻게든 관계를 회복시키려 애쓴다. 하지만 아무리 아버지가 힘을 써봐도 엄마가 포기한 아이는 다시 일어서지 못한다. 속절없이 추락하는 길을 가게 될 뿐이다.

소라가 3학년에 올라갔을 때 동생 유라가 신입생으로 들어왔다. 유라는 외모부터 어머니와 판박이였다. 소라와는 모든 면에서 반대편에 있는 학생이었다. 교실에서 있는 듯 없는 듯 지냈다. 성실성을 타고난 아이였다. 얼굴 표정에서 진지함과 온순함이 넘쳐흘렀다. 집에서 부모의 사랑을 충분히 받는 아이의 에너지가 온몸에 가득했다. 존재 자체로 충족된 아이의 표정을 짓고 있었다.

유라에겐 친구가 많지 않았다. 단짝 친구 딱 한 명이었다. 절친과 소울메이트처럼 친밀하고 다정하게 지냈다. 그렇다고 다른 친구가 없는 것도 아니었다. 자신과 비슷한 여자아이들과 우호적인 관계로 조화롭게 지냈다.

유라는 어머니가 머릿속으로 그리고 있던 이상적 아이의 모습을 구현해 낸 듯 보였다. 한 어머니 밑에서 이토록 극과 극인 자매가 나왔다는 게 불가사의한 일처럼 여겨졌다.

유라는 어머니와 궁합이 잘 맞는 아이였다. 어머니가 기대하는 것을 채워줄 수 있는 기질을 타고났다. 자신과 궁합이 맞는 아이와 잘 지내는 것은 어느 부모나 할 수 있는 일이다. 기질과 성격이 상극인 자녀와 어떤 관계를 맺어나가느냐가 부모에겐 진정한 시험대가 된다.

거슬리고 반감을 갖게 하는 아이는 어머니 내면의 '열등한 성격'을 일깨우는 아이다. 어머니가 무의식에 꾹꾹 눌러 담아 놨던 부정적 욕망을 들춰내는 아이다. 그럴 때 아이의 모습은 부모를 비추는 거울이 된다. 아이의 모습을 보고 자기 자신의 단점을 알아차리는 것이 아이와의 관계를 회복하는 열쇠가 된다. 부모를 불편하게 만드는 아이의 모습을 거울로 보느냐 보지 못하느냐가 갈림길이 되는 것이다.

아이를 통해 자신을 비춰본 부모는 자신의 단점과 열등한 성격을 수용할 줄 아는 '어른'이 된다. 그렇게 진정한 어른이 됨으로써 '미운 자식'도 품는 부모가 된다. 자식만큼 부모를 성장시키는 존재는 없다.

"귀한 자식 매 한 대 더 때리고 미운 자식 떡 한 개 더 준다"

인간은 누구나 장점과 단점을 지니고 태어난다. 타고난 성격 자체에 긍정적인 면과 부정적인 면이 있는 것이다.

어린아이는 살아가면서 부모와 사회로부터 긍정적으로 받아들여지는 성격을 키워나가게 된다. 외부에 부정적으로 받아들여지는 성격은 무의식에 남겨두게 된다. 이를 심리학 용어로 '그림자'라고 한다. 대개 스스로 '못난 성격'이라고 인식하는 것들이다.

그렇게 성장한 개인은 부모가 되고 난 뒤 자신의 그림자를 대면할 기회를 얻게 된다. 다름 아닌 아이의 모습을 통해서다. 아이의 행동과 태도 중에서 유난히 부모의 마음을 불편하게 하는 것들이 있다. 그것은 부모의 무의식에 있는 그림자일 가능성이 높다. 무의식에 꼭꼭 숨겨 두었던 '열등한 성격'인 것이다.

소라 어머니는 소라의 거슬리고 불편한 행동을 보면서 그것이 자신의 그림자라는 걸 인식하지 못했다. 충동적이고 무분별한 소라의 성격이 도무지 용납되지 않았다. '저 아이는 왜 저렇게 충동적인가?' '왜 다른 사람은 생각하지 않을까?' '어쩌면 저렇게 자기중심적일까?'

어머니는 소라의 그런 성격들이 자신 안에도 있는 것이라는 걸 생각하지 못했다. 충동적이고 자기중심적인 성향을 갖고 있지 않은 인간은 없다. 모두 인간 본성에 내재돼 있는 성향들이다.

소라는 그런 성격들을 이따금 내보이곤 했을 뿐이고, 어머니는 무의식에 꾹꾹 담아 놓고 있었을 뿐이다. 그림자 이론은 다음 우리 속담과 절묘하게 짝을 이룬다.

"귀한 자식 매 한 대 더 때리고 미운 자식 떡 한 개 더 준다."

인간 심리에 대한 놀라운 통찰이 담겨 있는 속담이다. 자식에 대한 부모의 사랑은 '빈익빈부익부' 속성을 갖고 있다. 있는 자식은 더 많이 갖게 되고 없는 자식은 더 적게 갖게 된다. 사랑받는 자식에겐 더 많은 사랑이 주어지고 사랑받지 못하는 자식에겐 점점 더 사랑이 줄어든다.

그런 속성을 간파했던 옛 어른들은 "미운 자식에게 떡 한 개 더 주라"고 권했던 것이다. 부모 가슴에 있는 사랑보다 더 많은 것을 주라는 뜻이다. 예쁜 자식에게는 사랑의 일부를 남겨놓고 주라는 것이다.

부모의 그림자를 일깨워 주고 있는 미운 자식에겐 과하게 사랑을 부어주어야 한다. 귀한 자식에게보다 더 관대해져야 하고 예쁜 자식보다 더 품어줘야 한다. 미운 아이를 품는 것은 자신의 그림자를 품는 것이기도 하다.

유라는 흠 잡힐 데 없는 학교생활을 했다. 학년이 올라갈수록 얼굴에 안정감이 깃들었고 행동에서 여유가 느껴졌다. 한 번도 흐트러짐이 없는 아이였다.

유라와 함께 있을 때 어머니의 얼굴에는 자긍심이 엿보였다. 마치 '이 딸이 진짜 내 딸이에요'라고 말하는 듯한 표정이었다. 유라 옆에 있을 때 어머니는 당당해 보였다.

미운 자식에게 떡 한 개 더 주는 것은 어떤 행위를 의미할까? '떡 한 개'는 미운 자식에게 보내는 '한 번의 눈길', '한 번의 관심', 부모 가슴에서 가까스로 떼어 건네는 '한 조각의 사랑'일 것이다.

부모 안에 있는 관심과 사랑의 에너지는 한계를 갖고 있다. 꺼내 쓸 수 있는 일정량이 있다. 귀한 자식을 향해서는 사랑과 관심이 저절로 흘러 나간다. 이 분량을 조절해야 한다는 뜻이다.

'매 한 대 더 주는' 행위는 귀한 자식보다는 미운 자식을 위한 것이다. '쟤도 나처럼 혼나는 구나' '동생도 엄마에게 부족할 때가 있구나' '나랑 다르지 않구나' 안심하며 위안을 얻게 하기 위한 것이다.

'귀한 자식에게 매 한 대 더 주고, 미운 자식에게 떡 한 개 더 주는' 것은 부모 내면의 '참된 자아'가 할 수 있는 일이다. '이기적인 자아'는 할 수 없는 일이다. '이기적인 자아'는 예쁜 자식에게만 사랑을 주는 자아다. 그 길은 부모가 가야 할 길이 아니다.

인생은 '참된 자아'를 찾아가는 여정이다. 아이는 부모에게 그 길의 안내자가 돼 준다. 특히 '미운 자식'은 부모를 참된 자기에게로 이끄는 인생의 안내자이다.

※

3부

우리도 우리만의
사회가 있어요 - 학교생활

6장

"이성을 이해하는 일은
너무 힘들어!" - 젠더 이해

사례 1

준비되지 않은
이성 교제

두 ADHD 아이들의 연애

재균이와 난영이는 중학생이 되자마자 사귀기 시작했다. 둘의 연애는 ADHD 아이들의 좌충우돌 그 자체였다.

그해 1학년 아이들은 역대급으로 일진이 많았다. 노는 수준도 1학년을 넘어선 것들이었다. 정신적으로 미숙한 상태에서 음주와 흡연, 연애가 이루어졌기에 사건 사고가 끊이지 않았다.

사귄 지 22일이 되는 날인 '투투날' 재균이와 난영이는 다른 커플과 넷이서 피자집에 갔다. 그날 난영이는 피자를 하나도 먹지 않았고, 거의 말도 하지 않았다. 재균이는 그런 난영이가 너무 답답했다.

다른 친구들과 함께 있을 때 난영이는 에너지가 넘쳐 주체하지 못할 정도로 '나대는' 아이였다. 재균이는 '조용한' 난영이가 낯설었고 어떻게 대해야 할지 알 수 없었다.

다음 날 재균이는 난영이에게 헤어지자고 말했다. 난영이는 친구들 앞에서 펑펑 울었다. 며칠 뒤 재균이가 마음을 돌려 난영이에게 다시 사귀자고 하여 둘의 연애는 계속됐다. 난영이의 일짱 친구가 재균이에게 다시 사귀라고 협박했다는 소문이 돌았다.

바람이 찬 어느 봄날 재균이와 난영이는 공원에서 데이트를 했다. 그날은 둘이 '나 잡아 봐라' 놀이를 하면서 신나게 뛰어놀다 헤어졌다. 그날 둘은 감기에 걸렸다.

다음 날 재균이는 지각을 했고 난영이는 학교에 오지 않았다. 그날 점심시간에 난영이가 학교 담장을 넘어 재균이를 찾아왔다. 너무 보고 싶어서 담을 넘은 것이었다.

재균이에게 난영이의 순정은 과분하고 불안정한 것이었다. 재균이의 마음엔 그런 사랑을 담을 그릇이 없었다. 난영이를 볼 때마다 뒤통수 때리는 걸 좋아하는 철없는 남자애였다. 재균이와 난영이가 둘만의 만남을 지속했다면 연애가 더 이어질 수도 있었다. 둘에겐 함께 어울리던 위험한 일진들이 너무 많았다.

재균이와 난영이가 깨진 날 둘은 일진 대여섯 명과 함께 아파트 옥상에서 술을 마신 뒤 노래방에 갔다. 노래방에서 벌칙 게임으로 키

사춘기 아이와 잘 지내시나요

스를 하기로 해서 둘이 몇 번 입술을 맞댔다. 노래방에서 나온 아이들은 다른 아파트 옥상에 올라가 다시 술을 마셨다. 어두워진 옥상에서 키스를 하다 난영이가 입을 크게 벌리고 혀를 굴렸을 때 재균이는 깜짝 놀랐다. 욕을 하며 술잔의 술을 난영이의 얼굴에 뿌렸다. 그러자 난영이가 술병을 집어 들어 재균이의 얼굴에 들이부었다. 둘은 초등학교 운동장으로 가서 서로 따귀를 때리며 싸웠다. 깨진 술병 유리 조각으로 서로를 공격할 뻔한 위험한 순간도 있었다. 친구들이 유리 조각을 뺏어 멀리 집어던져서 피가 나는 사고는 일어나지 않았다. 그 일이 있고 난 뒤 둘은 헤어졌다.

걔 없으면 난 못 살아

재균이는 중학교에 올라와서 ADHD 약을 챙겨 먹지 않은 날이 많았다. 초등학교 때까지는 어머니가 억지로라도 챙겨 먹였는데 중학교부터는 그조차 쉽지 않았다. 재균이의 공감 능력은 또래에 비해 크게 부족했다. 약을 먹지 않게 되면서 과잉행동도 더 심해졌다.

재균이는 귀엽다고 봐줄 만한 외모 말고는 내세울 게 없는 아이였다. 하지만 난영이의 눈엔 너무도 멋진 남자친구였다. 난영이는 학급모둠일기에 재균에 대해 이런 글을 쓰기도 했다. '재균이는 진짜 귀엽고 잘생겼다. 아플 때도 가장 먼저 떠오르는 건 재균이다.

엄마 아빠보다도 더 좋다. 재균이를 보면 가슴이 두근두근 뛴다. 너무 떨려서 계속 피하게 된다. 그래도 계속 보고 싶고 놀고 싶다…'

난영이의 '콩깍지'는 연애하는 사람들 누구나 겪게 되는 '이상화(理想化)'라고 말할 수 있었다. 자기 속에 있는 이상적인 모습을 상대에게 투사해서 '멋진 왕자님'으로 바라보는 것이다.

재균이 어머니는 난영이가 아들과 함께 가게로 찾아왔던 날 적지 않은 충격을 받았다. 호들갑스럽게 웃는 난영이의 '과잉행동'에 화들짝 놀란 것이었다. 그날 저녁 어머니가 재균이에게 말했다.

"재균아, 난영이 걔 마음에 안 든다. 꼭 술 먹은 애 같더라."

다음 날 재균이는 난영이에게 "너 우리 엄마가 술 먹은 애 같대"라고 그대로 전했다.

말하자면, 재균이와 난영이의 연애는 준비되지 않은 아이들의 '떫은 사랑'이었다. 익지 않은 과일을 먹는 것처럼 떫고 씁쓸한 일들의 연속이었다. 둘의 연애는 결국 서로에게 커다란 고통을 안겨주고 끝이 났다.

난영이의 친구들은 '잘나가지도 않는' 재균이가 난영이를 때리고 욕하며 무시하는 걸 곱지 않게 여겼다. 난영이가 재균이와 싸우고 헤어지고 난 며칠 후 난영 친구 한 명이 재균이를 불러냈다.

"내가 제일 싫어하는 게 너 같은 새끼야."

난영이 친구가 가오 잡지 말라면서 재균의 뺨을 두 대 때렸다. 재균이도 여자애의 뺨을 같이 때렸다. 대여섯 대씩 서로 비슷하

사춘기 아이와 잘 지내시나요

게 때리고 난 뒤 싸움이 끝났다. 그때 여자 일짱이 재균이에게 두 대 더 맞고 가라고 했다. 그래야 갈 수 있다는 말에 재균이는 뺨 두 대를 더 맞았다. 얼떨결에 맞은 두 대가 너무 아팠다.

다음날 학교에 재균이가 여자애와 싸워서 졌다는 소문이 퍼졌다. 그날부터 재균이에게 지옥 같은 생활이 시작되었다. 모든 남자애들이 여자한테 진 놈이라고 놀려대며 뒤통수를 때렸다. 동네북이 된 것이었다.

그 후부터 재균이는 '찌질한 아이'로 교실에서 지냈다. 버티기 힘든 시간들이었다. 한동안 어머니가 하교 시간에 맞춰 차로 아들을 데리러 왔다. 어머니가 힘이 돼 주신 덕분에 재균이는 힘겨운 시간들을 버텨냈다.

2학기가 되면서 재균이는 반에서 '평범한 애'로 그럭저럭 지내게 되었다. 그렇게 2학년과 3학년도 무난히 생활해 나갔다. 결국 일진 여자친구와 헤어진 것은 재균이에게 전화위복이 되었다.

아이 이성 친구의 수준은 부모와의 관계가 결정한다

부모에게 아이의 이성 친구는 걱정거리일 수밖에 없다. '질 나쁜' 아이를 사귀게 되어 사고라도 나지 않을까 염려되는 게 부모 마음이다. 그런 일이 걱정되는 부모라면 아이와의 관계를 건강하게 세워가는 일부터 힘써야 한다. 아이의 이성 교제 패턴은 부모와의 관계 패턴과 유사할 가능성이 높기 때문이다.

여자아이라면 아버지와 비슷한 에너지를 가진 남자아이와 사귀게 될 가능성이 높다. 부모와 비슷하게 소통하는 상대에게 끌리게 되기 때문이다. 남자아이 역시 어머니와 소통하는 방식과 비슷한 패턴으로 여자친구와 소통하게 된다. 부모와 비슷한 수준의 상대가 소통하기 편하고 익숙하기 때문이다.

'자녀 파트너의 수준은 부모에 의해 결정된다'는 것을 보여주는 이야기가 있다. 『창가의 침대』가 그것이다. 어느 요양원에 친절하고 유능한 간호사가 있었다. 모든 면에서 매력적인 여성이었는데 사귀는 남자들이 늘 알코올이나 마약 중독자들이었다. 어린 나이부터 알코올 중독자였던 아버지를 돌봐왔던 그녀는 자주 연애에 실패하면서도 비슷한 남자들과 비슷한 패턴의 연애를 해왔다.

간호사와 어울리는 성실하고 멋진 경찰이 그녀와 사귀기 위해 노력했지만 좀처럼 마음이 열리지 않았다. 병원의 정신과 의사는 간호사가 경찰에게 호감을 갖고 있으면서도 그를 받아들이지 못하는 이유를 알고 있었다. 분명 좋은 남자였지만 그동안 관계를 맺었던 남자들과 다르기 때문에 그와 소통하는 일이 낯설고 두려운 것이었다. 간호사는 결국 의사의 도움을 얻어 경찰에게 마음을 열고 그와 연인이 된다. 그것은 자아를 가둔 벽을 깨는 것과 같은 엄청난 용기를 필요로 하는 일이었다.

　인간은 저마다 고유한 에너지를 갖고 있다. 모든 관계는 서로의 에너지를 교환하는 것이다. 아이의 이성 교제를 걱정하기에 앞서 힘써야 할 일은 '지금' 아이와 친밀하고 건강하게 관계를 맺는 일이다. 아이가 느끼고 있는 것에 공감해 주고 아이가 중요하게 여기는 것을 존중해 주는 부모가 되는 것이다. 그러면 아이는 공감하고 존중할 줄 아는 이성에게 끌리고 그런 상대와 사귀게 된다. 이유는 단순하다. 그것이 익숙하고 편하기 때문이다.

사례 2

잘나가는 오빠랑
사귀고 싶은 아이

키스한 걸 거짓말이라고 말해 달라는 선배

중학생이 된 혜연이는 옆 학교 2학년 남학생과 잠시 사귄 적이 있었다. 키도 크고 운동도 잘하는 인기남이었다. 사귄 지 얼마 되지 않았을 때 함께 노래방에 갔다가 키스를 하게 됐다.

다음 날 혜연이는 절친에게 비밀 얘기라며 다른 학교 오빠랑 키스를 했다고 말했다. 친구가 어떤 오빠냐고 물었다. 혜연이는 이름은 알려주지 않고 키와 외모에 대해서만 말해 주었다. 그런데 친구가 외모 특징만으로 누군지 알고서 다른 아이들에게 둘이 키스했다는 말을 퍼트려 버렸다.

사춘기 아이와 잘 지내시나요

그 얘기는 일주일쯤 뒤 남자친구에게도 전해졌다. 그날 저녁 남자친구로부터 문자가 왔다.

'저번에 나랑 키스한 거 애들이 알고 있더라. 1학년이랑 키스했다고 소문나면 너무 쪽팔릴 것 같아. 네가 페북 채팅방에 혼자 좋아하다가 헛소문 낸 거라도 올려주면 좋겠다.'

며칠 고민하던 혜연이는 남자친구가 원하는 대로 채팅방에 글을 올려주었다. 몇 주 뒤 둘은 헤어졌다.

한 달 뒤 혜연이는 황당한 일을 겪었다. 전 남친 학교의 3학년 언니가 혜연이를 찾아온 것이었다. 후문에서 기다리고 있다가 혜연이를 만난 3학년이 다짜고짜 따져 물었다.

"야! 너 진짜 성준이랑 키스했어? 안 했지? 안 한 거 맞지?"

옆 학교 일진 언니를 보고 너무 놀란 혜연이는 뭐라고 답해야 할지 떠오르지 않았다. 전 남친과 막 사귀기 시작했다고 소문난 언니였다. 그때 퇴근하던 담임선생님이 그 모습을 보았다.

"너 누구니? 우리 반 애하고 뭐하는 거야?"

선생님의 말에 아랑곳하지 않고 3학년이 혜연이를 다그쳤다.

"똑바로 말해! 그거 사실이 아니잖아."

"네… 죄송해요."

"야! 미안하다고 하면 다야? 미안하면 끝이야!" 선생님이 혜연이와 3학년 사이로 들어가며 말했다.

"잠깐! 무슨 얘긴지 선생님한테 설명 좀 해줄래?"

3학년과 혜연이의 설명을 듣고 난 선생님이 말했다.

"그랬구나. 그런 일이 있었네. 그럼 혜연이가 언니한테 솔직하게 말해 주면 되잖아."

혜연이가 머뭇거리며 선생님과 잠시 얘기를 나누고 싶다고 했다. 선생님이 3학년에게 말했다.

"그럼, 이렇게 하자. 선생님이 우리 반 교실에서 먼저 혜연이랑 얘기를 나누고 나서 너한테 연락할게. 그때 우리 반 교실로 와."

선생님은 옆 학교 3학년의 전화번호를 받고 교실을 알려준 뒤 혜연이와 교실로 올라갔다.

진짜 키스했어!

"선생님, 저 성준 선배랑 키스했어요."

혜연이는 너무도 중요한 사실이라는 듯 결연한 목소리로 말했다.

"그런데 왜 아까는 안 했다고 말했어?"

혜연이는 한 달 전 있었던 일을 선생님에게 말씀드렸다. 어떻게 보면 혜연이는 이러지도 못하고 저러지도 못할 상황에 빠진 셈이었다. 키스했다고 하면 일진 선배가 가만히 있지 않을 것이고, 안 했다고 하면 거짓말쟁이가 되는 거였다.

선생님이 혜연이에게 단도직입적으로 물었다.

사춘기 아이와 잘 지내시나요

"그래서 너는 어떻게 말하고 싶어? 선생님은 네가 어떤 결정을 하든 존중할 생각이야."

혜연이는 한 달 전 그랬던 것처럼 자신이 성준 선배를 좋아해서 거짓말했다고 말하고 싶다고 했다. 자신을 보호하기 위한 결정인 듯했다. 잠시 뒤 교실로 들어온 3학년에게 선생님이 자초지종을 설명해 주셨다. 이어서 혜연이가 준비한 대로 자신이 오빠를 좋아해서 키스했다고 거짓말한 거라고 말했다. 그 말을 듣고 난 3학년 일진은 '그럼 됐다'는 표정으로 쿨하게 받아들이고 돌아갔다.

혜연이는 왜 선생님에게 선배와 키스했다는 사실을 말하고 싶었을까? 자신을 보호하기 위해 거짓말을 할지라도 누군가는 자신의 진실을 알아주길 바랐던 것 같다. 누군가 자신이 처한 어려움을 알아주고, 자신을 부인할 수밖에 없는 이유를 이해해 줄 사람이 필요했던 것 같다.

아이는 중요한 존재가 되고 싶다

가족 안에서 친밀함을 느끼지 못하는 아이들은 정서적으로 허기진 상태가 된다. 앞서 그런 아이는 친구에게 서둘러 허기를 채우려 한다고 말했다. 이성 친구도 마찬가지이다. 친밀함에 굶주린 아이들일수록 이성 교제를 빨리 하게 되고 성관계 시기도 빨라진다고 한다. 빠르면 아이들은 초등학교 고학년이나 중학교 1학년 즈음부터 이성 친구를 사귀게 된다. SNS의 발달로 고백과 수락이 쉽게 이루어지는 환경이 되었다. 그로 인해 아이들은 쉽게 연애를 하고 쉽게 헤어진다.

배가 너무 고픈 사람은 눈앞에 음식이 보이면 덥석 집어 먹게 된다. 몸에 좋은 음식인지 좋지 않은 음식인지 가릴 여유가 없다. 정서적으로 허기진 아이 역시 마찬가지다. 이성으로부터 좋아한다는 고백이 날아오면 덥석 잡게 된다. 또는 자신의 고백을 받아 줄 것 같은 상대에게 사귀자는 문자를 쉽게 보내게 된다.

그런 연애는 관계가 원만히 이어질 가능성이 낮다. 상대도 정서적으로 불안하고 허약한 아이일 가능성이 높기 때문이다. 그런 커플은 소통의 어려움을 겪다 얼마 되지 않아 헤어지기 마련이다.

연애가 깨진 아이는 친밀감에 더 허기지게 되고, 쉽게 사귈 수 있는 다른 상대와 새로운 연애를 하게 된다. 이럴 경우 짧은 기간에 실패하는 연애 패턴이 반복될 가능성이 높다.

아이들이 연애를 하는 이유는 누군가에게 중요한 존재가 되고 싶은 욕구 때문이라고 볼 수 있다. 1, 2학년 아이들 중에는 상대의 인성을 보지 않고 잘나가는 존재라는 이유 때문에 선배와 사귀는 경우가 종종 있다. 상대와 연결됨으로써 자신도 그만큼 커진 느낌을 갖게 되기 때문이다. 하지만 그런 관계는 오래가지 못하고 결국 깨지게 된다.

사춘기 아이와 잘 지내시나요

그렇다면 이성에게 소중한 존재로 대접받는 아이는 어떤 아이일까? 상대를 소중한 존재로 대할 줄 아는 아이일 것이다. 그런 아이는 가정에서 부모에게 중요한 존재로 대접받은 아이다. 어떻게 그런 부모가 될 수 있을까? 아이를 부모와 동등한 존재로 존중해 주는 것이다. 그럴 때 아이는 부모로부터 친밀함을 느끼고 자신을 소중한 존재로 인식하게 된다. 또한 그런 아이는 자신을 소중한 존재로 대하는 이성과 사귀게 된다.

사례 3

성희롱인 줄 모르는 게
더 문제인 아이들

수업 시간에 크게 들린 말

1학년 교실에서 진로 수업이 모둠별로 진행되고 있었다. 모둠끼리 어수선하게 토론 활동을 하고 있을 때였다.

어디선가 한 남학생이 크게 떠드는 소리가 들렸다.

"뭐라고? 성호야. 니가 여자 회장이 크다 그랬냐?"

주변에 있던 남자아이들이 크게 웃음을 터트렸다. 다른 아이들은 무슨 소린가 하면서 흘려 넘겼다. 다른 모둠에서 토론을 하던 여자 회장의 귀에도 들릴 정도로 목소리가 컸다. 그 말을 한 아이는 평소 눈치가 없어서 친구들에게 구박받곤 하던 명준이였다. 뭔가 기분이

나빴지만 여자 회장은 한창 수업이 진행되고 있었기 때문에 일단 그냥 넘어갔다.

집에 돌아와서야 여자 회장은 명준이의 말이 자신의 가슴에 대한 것임을 깨달았다. 다음 날 아침 여자 회장은 생활부로 찾아가 성희롱으로 신고를 했다.

생활부장은 명준이와 성호를 불러 사실확인 조사를 했다. 언젠가부터 반에서 "누가 여자 회장 가슴이 크다"고 말했다는 소문이 돌았다고 했다. 소문이 몇 번 거치면서 성호에게 도달한 말은 "명준이가 '여자 회장 가슴이 크다'고 말했다"는 것이었다. 진로 수업 시간에 성호가 명준이에게 "니가 여자 회장 가슴 크다고 말했지?"라고 계속 물어봤다. 명준이는 아니라고 대답했다. 그래도 계속 추궁하는 성호에게 화가 나서 "뭐라고? 성호야, 니가 여자 회장 크다고 그랬냐?"는 말을 내뱉은 것이었다.

여자 회장에게 일차적 피해를 입힌 것은 명준이였다. '크다'는 말을 많은 아이들에게 들리게 함으로써 상대를 모욕했기 때문이다. 본인의 귀에도 들리게 하여 성적 수치심을 느끼게 했다.

최초에 '여자 회장 가슴이 크다'고 떠들어댄 남자아이가 누구인지 찾는 작업이 필요했다. 거의 모든 남학생 사이에서 떠돈 말이었기 때문에 진원지를 찾는 일이 쉽지 않았다. 남학생 중 한 명이 체육부장이 처음 그 말을 한 것 같다고 진술했다. 체육부장을 불러 사실확인을 했더니 자신은 그런 말을 한 적이 없다며 펄쩍 뛰었다.

니가 걔 가슴 크다고 그랬냐?

여자 회장은 중학생이 되면서 또래보다 유난히 큰 신체적 특징 때문에 늘 신경이 쓰였다. 남자애들이 쳐다보는 시선이 느껴질 때마다 적지 않은 스트레스를 받았다. 매너 없는 애들은 예진이의 가슴을 보고 난 뒤 자기들끼리 쑥덕거리기도 했다. 그런 모습을 볼 때마다 알 수 없는 수치심이 느껴졌다. 어떨 땐 너무 화가 나 달려가서 뭐라고 했냐고 따지고 싶을 때도 있었다.

여자 회장이 생활부로 신고한 것은 잘한 일이었다. 자신에 대해 공개적으로 모욕하는 말을 들었을 땐 바로 문제를 제기하는 것이 옳다. 참기만 하는 건 좋은 게 아니다. 자신의 자존감을 떨어뜨리는 일이고 마음을 더 상하게 하는 일이기 때문이다.

생활부장은 여자 회장의 어머니에게 사안 조사 결과를 알려주었다. 생활부장의 말을 듣고 난 어머니가 웃으며 말했다.

"선생님, 우리 애가 어렸을 때부터 그것 때문에 스트레스가 많았어요. 아이들 따끔하게 혼내주시고 다시는 그런 행동하지 않겠다는 약속만 받아주시면 돼요."

어머니는 예민하게 반응하지 않고 해프닝 정도로 넘어가 주었다. 여자 회장은 자신의 감정에 공감해주면서도 대수롭지 않은 일로 넘어가는 어머니를 보면서 그리 심각한 일로 받아들이지 않게 되었다. 어머니는 그 후 넉넉한 옷을 입혀 딸의 신체적 특성이 드러나지 않도록 챙겨 주는 것도 잊지 않았다. 그 후 회장은 스트

사춘기 아이와 잘 지내시나요

레스를 받지 않으면서 학교생활을 할 수 있었다.

아이가 성직인 변화를 긍정적으로 경험하게 해라

사춘기 아이들이 이성의 성적 징후에 대해 호기심을 갖게 되는 건 자연스러운 일이다. 하지만 이성을 성적 대상화하는 건 잘못된 일이다. 자신의 신체 일부가 성적 대상으로 여겨졌을 때 당사자는 물건 취급을 당하는 느낌을 갖게 된다. 이는 인간으로서 존엄성이 크게 훼손당하는 일이다.

부모는 아이가 어렸을 때부터 이성을 성적 대상화는 건 잘못된 일이라는 걸 확실히 인식시켜 주어야 한다. 먼저 부모부터 상대의 성을 폄하하거나 성적 대상화하는 표현을 하지 않는 것이 중요하다.

명준이와 성호는 성에 대한 이해가 부족한 아이들이었다. 여학생의 가슴에 대해 이야기하는 것부터 성적으로 대상화하는 잘못된 일이었다. 더 큰 잘못은 다른 아이들이 듣고 있는 곳에서 크게 떠들어댄 것이었다. 여자 회장이 피해를 입게 된 잘못의 시작은 성호에게 있었다. 어수선한 모둠 활동 시간에 "니가 여자 회장 가슴 크다고 말했다며? 맞잖아? 그치?"라며 명준이를 다그쳐서 발생한 사건이었기 때문이다. 물론 "니가 여자 회장 크다고 그랬냐?"고 크게 소리친 명준이의 잘못이 가장 컸다.

성에 대한 올바른 이해는 상대의 입장에서 상대가 느끼는 것을 얼마나 공감할 수 있느냐가 핵심이다. 이는 역지사지할 수 있는 능력에서 비롯된다. 여학생들 사이에서 '명준이가 작다'는 소문이 퍼졌다고 상상해 보자. 명준이가 그런 소문이 떠돈다는 걸 알지 못했을 때는 피해가 발생하지 않았다고 볼 수 있다. 하지만 그런 소문이 돈다는 걸 알게 된 순간 성적 수치심과 모욕감을 입는 피해가 발생하게 된다. 누군가 수업 시간에 "뭐라고? 명준이가 그게 작다고 그랬냐?"라고 크게 떠들었다면 어땠을까. 감당하기 힘든 수치심과 모욕감을 느끼며 분노하게 됐을 것이다. 성에 대한 바른 태도는 서로의 입장을 바꿔서 상상할 수 있는 능력을 필요로 한다.

명준이와 성호는 이성의 가슴에 대해 말로 희롱하는 행동을 했다. 이런 행동은 여성의 가슴을 촬영하거나 허락 없이 만지는 범죄 행위로 이어질 수 있다. 전문가들은 아이가 어렸을 적에 어머니의 가슴을 만질 때부터 바르게 교육하는 일이 중요하다고 강조한다. 어린아이일지라도 어머니의 가슴을 만지려 할 때는 가슴의 주인인 어머니에게 허락을 얻은 후에 만지게 하라는 것이다. 그런 작은 실천이 청소년 이후 범죄 행동을 예방할 수 있게 해주기 때문이다.

사춘기 아이와 잘 지내시나요

이성의 성적 변화를 부정적으로 여기는 아이는 자신의 성에 대해서도 부정적으로 인식할 가능성이 높다. 전문가들은 아이가 초경이나 몽정 등 성적 변화를 겪을 때 자연스럽게 받아들이게 하는 일이 중요하다고 말한다. 축하 선물을 주거나 파티를 열어줌으로써 성적 징후를 기쁘고 즐거운 일로 경험하게 하라고 한다. 자신의 성적 변화를 긍정적으로 경험한 아이는 이성의 성적 변화도 긍정적으로 인식하게 될 가능성이 높기 때문이다.

사례 4

학급 단톡방에서의
젠더 대결

쌍방 성희롱 사건

수요일 아침, 2학년 여학생 세 명이 생활부로 찾아왔다. 한 아이가 수치심이 깃든 얼굴로 핸드폰을 내밀며 생활부장에게 말했다.

"선생님… 인터넷에 이런 글 올린 거 성희롱 아니에요?"

다른 아이의 흥분한 목소리가 이어졌다.

"얘네들, 처벌해 주세요."

여학생이 내민 핸드폰에는 이런 댓글들을 캡처해 놓은 창이 열려 있었다.

'나 오늘 생리인데…', '너 벌써 주기야?', '나 묻었다. 갈아입고 올

사춘기 아이와 잘 지내시나요

게.'

같은 반 남학생들이 쓴 댓글이었다. 누구나 볼 수 있는 게시판에 올린 글이라고 했다. 여학생들은 학급 단체채팅방에서 이 문제로 다툼이 있었는데 그때 남학생들에게 또 다른 피해를 입었다고 했다. 반 채팅방에서 캡처한 내용은 이러했다.

'메갈이 지랄하네 ㅋ', 'ㅋㅋ ㅂㅅ들 깝치네', '병신 같은 새끼들아, 아스팔트에 대가리 갈려볼래?'

여학생들은 인터넷 게시판에 여성을 비하하는 댓글을 올린 것과 학급 단체채팅방에서 언어폭력을 한 남학생들에게 사과를 받고 싶다고 했다.

점심시간에 남학생들을 불러 사실확인 조사를 해보니 다른 이야기가 나왔다. 남자애들이 본 것은 공개 사이트에서 한 여자가 '왜 여자만 생리하느냐?'며 억울해하는 동영상이라고 했다. 유명한 외국 파워블로거의 영상이었다. 내용을 확인해 보니 남자도 생리하는 거 아니었냐고 너스레를 떠는 코미디에 가까운 내용이었다. 그 영상을 처음 본 남학생이 생활부장에게 말했다.

"영상을 보게 하려면 친구를 초대해야 하는 거예요. 제가 몇 명 초대해서 우리끼리 잡담한 건데 그걸 누가 캡처해서 퍼트린 거예요."

남학생들이 댓글을 올렸을 때 여성을 비하할 의도는 없었던 것으로 보였다. 남자애들 말고도 무수한 사람들이 비슷한 내용의 댓글을 올렸다고 했다. 우연히 그 댓글들을 보게 된 여학생이 캡처해 학급 단체채팅방에 올려서 싸움이 일어나게 된 것이었다. 남자애들도 자기들끼리 사적으로 나눈 대화에 끼어들어 비난한 것과 그 내용을 반 채팅방에 올린 것에 대해 여학생들에게 사과받고 싶다고 했다. 자신들이 여학생들에게 했던 언어폭력에 대해선 충분히 사과할 마음이 있다고 했다.

너희가 먼저 수치심을 줬잖아

생활부장은 다음 날 여학생들을 불러 남학생들의 입장을 설명해 주었다. 선생님의 설명을 듣고 난 여학생들은 남자아이들에게 성희롱할 의도가 없었다는 것을 어느 정도 이해한 듯 보였다. 처음 남자애들의 댓글을 본 것은 다른 반 여학생이었다. 그 여학생이 캡처해서 보내 준 내용만 보고 공개 채팅방에 올린 것인 줄 알고 흥분한 것이었다.

여학생들은 시적인 대화가 반 채팅방에 올라와 수치심을 느꼈다는 남자애들의 말도 수긍했다. 채팅방에 캡처 사진을 올린 아이가 그것에 대해선 자신이 사과를 하겠다고 말했다. 그러면서도 예상과 다르게 돌아가는 상황에 당황한 표정들이었다.

생활부장은 점심시간에 남녀 학생들을 모이게 하여 대화를 진행했다. 얼음같이 차갑고 냉랭한 분위기였다. 아이들은 무슨 말부터 해야 좋을지 난감해하고 있었다. 생활부장이 여학생들부터 마음을 표현해 보라고 했다. 여자아이들이 무겁게 입을 열었다.

"너희들이 게시판에 올린 글을 보고 무척 놀랐어. 이런 내용을 올려도 되나 하고…."

"너희들끼리 놀고 있었던 건데, 우리가 끼어든 건 미안해."

여학생들의 사과를 듣고 난 남학생들이 흡족한 표정을 짓고 있었다. 생활부장이 남자아이들에게 말했다.

"그 게시판은 누구나 볼 수 있는 곳이었다는 점에서 사실은 공적인 장소인 거야. 하지만 너희한테 여성들에게 수치심을 줄 의도가 없었다는 점 때문에 사적인 공간이라고 해석해 주는 것일 뿐이야."

생활부장이 남학생들에게 엄한 목소리로 물었다.

"너희들이 본의는 아니었지만 학교의 명예를 실추한 건 사실이야, 그렇지?"

남학생들 몇 명이 고개를 끄덕이며 "네"라고 대답했다.

이어서 생활부장이 남학생들에게 느낀 감정을 솔직하게 표현해 보라고 했다. 남학생들은 여학생들이 끼어들어서 비난하는 말을 듣고 억울했고 반톡에 댓글을 올린 것에 대해 수치심을 느꼈다고 말했다. 이어서 남자아이들도 채팅방에서 여학생들을 공격했던 행동에 대해 사과를 했다.

남녀 아이들은 반 채팅방에 각자 잘못했다고 느낀 행동에 대해 사과하는 글을 올리기로 하고 대화를 마무리했다.

상대를 깎아내린다고 내가 올라가지 않는다

청소년들의 혐오 표현이 증가하는 것은 어렸을 때부터 익숙한 채팅방 문화와 관련이 깊다. 인터넷 커뮤니티와 단체 채팅방 등에서 익명으로 또는 자기들끼리 감정을 노골적으로 표현하면서 혐오 분출에 무감각해진 것이다. 다른 한편으로는 어려서부터 과도한 학습량과 맞벌이 부모의 돌봄 공백 등으로 누적된 고통이 빚어낸 결과이기도 할 것이다.

아이들은 다른 아이에게 치명적인 타격을 줄 수 있는 말이 어머니를 모욕하는 말이라는 것을 잘 알고 있다. 그런 말들이 점점 더 독하게 모성을 비하하는 말들로 변해가고 있다. 또한 그런 말들이 일상적으로 쓰이고 있다. 일부 학생들은 교원 평가를 할 때 여교사를 성적 대상화하며 모욕하는 글을 올리기도 한다. 익명이라는 가면 속에 숨어 "다리 굵으니 치마 입지 마세요", "가슴 크네요", "섹스하고 싶어요" 같은 말을 내뱉기도 한다.

상대의 성을 비하하는 아이들의 심리에 깔려 있는 것은 자기 비하이다. 상대보다 먼저 자신의 성적 가치에 대해 보잘것없다고 느끼고 있는 것이다. 사회심리학자들은 다른 성을 혐오하는 것을 '절망적 가격 홍정 전략'이라고 말한다. 상대의 성을 깎아내리고 모욕하는 이들의 속마음은 '왜 나를 우습게 보느냐'고 원망하고 있는 것이다. 왜 자신을 알아주지 않느냐고 호소하고 있는 것이기도 하다. 하지만 상대의 성을 비하한다고 내가 올라가진 않는다.

"왜 상대의 성을 조롱하는 표현을 하느냐"라는 설문에 많은 아이들이 "친구들이 사용하니까", "별 뜻 없이"라고 대답했다고 한다. 일종의 편 가르기라고 볼 수 있다. 상대를 공격함으로써 자기들끼리 더 똘똘 뭉치게 되는 효과 때문에 아이들은 생각 없이 혐오 표현을 하기도 한다. 자기편에 대한 지나친 공감과 동일시가 다른 성을 적대시하고 공격하게 만드는 것이다.

가족 내에서 '남성 대 여성', '어른 대 아이' 등으로 편 가르기를 하지 않는 것이 중요하다. 다른 가족이나 집단을 깎아내리거나 비난하는 일도 삼가야 한다. 아이들이 어렸을 때부터 편 가르기가 아니라 중립 분위기를 느끼는 것이 중요하다. 아이들과의 대화에서 판단과 평가, 비판, 비난의 언어를 사용하지 않는 것이 바람직하다.

오늘날 청소년들에게 가장 필요한 일 중 하나는 중립과 포용의 태도를 갖는 것이다. 인터넷 커뮤니티와 단체 채팅방을 통해 아이들은 '내 편'과 '네 편'으로 편을 가르면서 동질감과 친밀감을 강화하는 방향으로 나아가고 있다. '우리'를 넓혀가는 삶의 태도가 필요하다. 축구 국가 대표팀이 다른 나라와 시합할 때는 대한민국 모든 국민이 하나가 되어 응원하게 된다. 이때 남성과 여성은 구분되지 않고 쉽게 '우리'가 된다. 우주에서 지구를 바라본 우주 비행사가 "신기하다. 여기서 보니 국경이 하나도 보이지 않는다"고 말했다고 한다. 우주에서 보면 지구인 전체가 '우리'인 것이다.

7장

"선생님이 제일 만만해"
– 교사와의 관계

사례 1 # 습관적으로 핸드폰 때문에 실랑이하는 아이

선생님 내가 이겼다!

국어 선생님이 교실에 들어가 보니 많은 아이들이 핸드폰을 보고 있었다.

"자, 모두 핸드폰 넣으세요. 수업 시작합니다."

5교시가 시작한 줄도 모르고 점심시간 동안 핸드폰에 빠져있던 아이들이 서둘러 핸드폰을 집어넣었다. 친구와 문자 수다에 빠져 있던 채민이만이 부지런히 버튼을 누르고 있었다. 3초 정도 그 모습을 지켜보던 선생님이 크게 말씀하셨다.

"거기 핸드폰 하는 사람, 앞으로 갖고 나와!"

그제야 선생님이 들어온 걸 알아차린 채민이가 핸드폰을 닫으며 따졌다.

"핸드폰 나만 한 거 아닌데요? 왜 나만 나오라고 하세요?"

선생님은 빨리 갖고 나오기나 하라고 엄하게 말씀하셨다. 핸드폰을 꽉 쥔 채 교탁 앞으로 나간 채민이가 표독스럽게 쏘아붙였다.

"다른 애들 핸드폰도 뺏어야죠!"

"빨리 교탁 위에 놓고 들어가기나 해."

잠시 선생님을 노려보던 채민이가 핸드폰을 교탁 위에 세게 던지고 자리로 돌아갔다. 선생님은 채민이를 한 번 노려본 후에 수업을 시작하셨다.

뒷줄에서 채민이가 계속 불만을 표출했기 때문에 선생님은 엄청난 인내심으로 수업을 해야 했다. 혼자 씩씩 대던 채민이는 짝에게 억울한 감정을 토로했다.

"씨발 왜 내 핸드폰만 뺐냐고!"

짝이 인상을 쓰며 맞장구를 쳤다.

"국어 좆나 이상하다. 미친 거 아냐?"

짝도 핸드폰 사용 기준이 엄격한 편이었던 국어 선생님에게 불만이 많았다. 채민이가 자로 책상을 계속 치며 떠들었다.

"씨발 더러워서 학교 못 다니겠네!"

책상을 치던 자를 교실 바닥으로 내던지며 채민이가 욕을 했다.

"좆나 짜증나!"

사춘기 아이와 잘 지내시나요

선생님이 수업을 중단하고 크게 소리치셨다.

"너! 나가!"

채민이는 책상 위를 노려보며 못 들은 체했다.

"빨리 복도로 안 나가!"

"싫어. 내가 왜 나가야 되는데…."

채민이의 혼잣말은 아이들과 선생님의 귀에 다 들릴 정도로 컸다. 선생님이 흥분한 목소리로 소리를 지르셨다.

"너! 지금 당장 교무실에 내려가 있어!"

그러자 채민이가 죽기 살기로 대들며 선생님에게 쏘아붙였다. "싫어요! 내가 왜 내려가요? 선생님들 다 같은 편이잖아요. 그냥 여기서 얘기해요!"

선생님의 목소리가 더 높아지고 날카로워졌다.

"너 진짜 생활지도부로 끌려가고 싶어?"

그때 남자애 한 명이 인상을 구기며 말했다.

"아, 그냥 교실에서 얘기해요! 선생님들은 왜 맨날 애들을 교무실로 끌고 가려고 그래요?"

채민이의 짝이 기다렸다는 듯 거들었다.

"맞아요, 우우…."

다른 아이들은 지겨워 죽겠다는 표정으로 한숨을 쉬고 있었다. 선생님이 입술을 깨물며 말했다.

"그럼, 일단 수업부터 하고 보자."

채민이가 기세등등한 표정으로 짝에게 말했다.

"씨발, 그런다고 누가 무서워할 줄 알고, 쳇…!"

짝이 하이파이브를 하며 말했다.

"씨발, 이겼다."

내 핸드폰 내가 보는 게 왜 잘못이야?

교실에서 교사와 학생 간 가장 많은 갈등을 일으키는 것이 휴대전화 사용에 관한 것이다. 채민이의 경우는 불손한 태도를 보이긴 했지만 휴대전화를 제출하긴 했다. 어떤 아이들은 핸드폰을 사용하고도 갖고 나오라고 하면 자기는 사용하지 않았다고 우긴다. 선생님과 다른 친구들이 봤음에도 불구하고 바락바락 대들며 핸드폰을 하지 않았다고 고집을 부린다. 그렇게 시간이 허비되다 보면 다른 학생들이 선생님에게 언제 수업하느냐고 묻는다. 5분 넘게 실랑이를 하고 난 선생님은 휴대전화 압수를 포기하게 된다.

이렇듯 핸드폰으로 인한 갈등은 같은 반 친구들의 학습권 침해로 이어지는 경우가 많다. 수업 중 몰래 핸드폰을 하는 아이 때문에 다른 친구들은 수업에 집중하기 어려워진다. 그러다 선생님에게 걸려 핸드폰을 압수당하거나 실랑이를 벌이게 되면 수업의 흐름이 끊어지는 피해를 입게 된다.

몇 해 전부터 프랑스는 초등학교와 중학교에서 학교 내 휴대전화 사용을 전면 금지하는 정책을 시행하고 있다. 휴대전화를 갖고 올 수는 있지만 수업 시간뿐 아니라 쉬는 시간과 점심시간에도 사용이 금지된다. 휴대전화 사용으로 운동량이 절대적으로 부족하다는 것, 교우 관계에도 부정적 영향을 미친다는 것이 금지 이유였다. 쉬는 시간과 점심시간에 운동장으로 나가 친구들과 함께 축구 등을 하며 몸을 움직이라는 뜻이다. 휴대전화는 수업 중 활용할 때나 가족에게 급한 연락을 해야 할 때만 사용이 허락된다.

우리나라는 국가인권위원회의 권고에 따라 대부분의 학교에서 수업 시간 외 휴대전화 사용을 허락하고 있다. 학생들은 대부분 쉬는 시간과 점심시간에 자기 마음대로 휴대전화를 사용하는 것에 대해 찬성하고 있다. 자신들이 마땅히 누려야 할 인권이자 자유권이라고 생각하는 것이다.

하지만 휴대전화로 인한 교사와 학생 간 갈등이 점점 심화되고 있다. 교실에 들어갈 때마다 선생님들은 학생들에게 휴대전화를 집어넣으라고 지시해야 한다. 학급마다 교사의 지시에 불응하는 학생이 있게 마련이다. 그로 인해 교사와 학생 모두 스트레스를 받고 다른 학생들의 학습권을 침해하는 일이 계속 발생하고 있다.

아이들 스스로 휴대전화 사용 기준을 정하게 해라

오늘날 휴대전화는 청소년들의 문화로 자리 잡고 있다. 아이들의 휴대전화 속에는 인간관계와 여가, 문화생활이 다 들어있다. 일부 아이들은 휴대전화를 뺏기게 되면 마치 목숨을 뺏기는 듯한 반응을 보이기도 한다.

휴대전화로 갈등을 겪게 될 때 아이들이 보이는 반응은 가정에서의 행동과 다르지 않을 것이다. 가정 내에서 휴대전화로 마찰을 빚을 때마다 폭력적으로 소통한 아이는 교사에게도 똑같은 반응을 보이게 된다. 채민이의 경우가 그러했다. 채민이는 영어 학원 다니는 문제로 어머니와 극심한 갈등을 겪고 있었다. 학원 남자애들이 놀리고 괴롭혀서 중단하고 싶었는데 어머니의 강요로 계속 다니고 있었다. 컬러렌즈를 꼈을 때나 화장을 했을 때도 어머니에게 폭언을 들어야 했다. 중학생이 된 채민이는 어머니한테 바락바락 대들며 맞섰다. 채민이는 어머니와 비슷한 나이의 선생님들에게 더 표독스럽게 행동했다.

채민이에게 휴대전화는 친구 관계에서 중요한 역할을 하고 있었다. 다섯 명의 친구들은 관계가 그리 원만하지 못했다. 자주 편을 가르며 서로를 흉봤고, 이따금 싸움이 일어나기도 했다. 채민이는 자기편인 것 같은 아이와 수시로 문자를 주고받으며 지내고 있었다. 그런 상황에서 휴대전화를 압수당했기 때문에 친구가 등을 돌릴까 봐 전전긍긍했던 것이다.

학생들의 휴대전화 사용은 학칙에 따라 학교마다 다르게 적용되고 있다. 휴대전화를 아침에 수거했다가 방과 후에 돌려주는 학교도 있고, 수업 시간을 제외한 시간엔 사용을 허용하는 학교도 있다. 가장 바람직한 것은 학교 구성원들이 의견수렴과 토론을 통해 휴대전화 사용 기준을 정하는 것이다.

경기도의 한 혁신 중학교는 교사와 학생, 학부모가 모여 휴대전화 사용에 대해 대토론회를 벌였다. 학생 대표, 교사 대표, 학부모 대표가 토론을 했고, 모든 학생들에게 자유발언 기회를 주었다. 대토론회를 하고 난 뒤 휴대전화 수거에 대한 학생들의 의견이 반대 우세에서 찬성 우세로 바뀌었다. 그 중학교는 교육 3주체의 합의에 의해 학칙을 변경하고 학생들의 휴대전화를 수거하고 있다.

교육전문가들은 가정에서도 부모와 아이가 토론과 회의를 거쳐 휴대전화 사용 기준을 정하는 것이 바람직하다고 말한다. 아이와 토론한 뒤 '30분 줄이기'를 실천하기로 했다면 믿어주고 기다려주라고 한다. 지키는 날도 있고 지키지 못하는 날도 있을 것이다. 그럴지라도 아이를 존중하고 신뢰하는 것이 최선의 길이다. 그것이 윽박지르고 억압하는 것보다 훨씬 더 효과가 좋기 때문이다.

사례 2

사진 찍었다고
교사를 경찰에 신고한 아이

왜 내 팔을 잡아요!

생활부장이 교문에서 점심시간 생활 지도를 하고 있을 때였다. 3학년 여학생 두 명이 재빨리 열린 교문 사이로 빠져나가고 있었다. 생활부장이 한 여학생의 팔 부위 셔츠를 붙잡은 뒤 앞서 나간 여학생에게 말했다.

"너도 빨리 들어와!"

먼저 나간 여학생이 쭈뼛쭈뼛 들어오고 있는데 옷을 붙잡힌 여학생이 선생님의 손을 뿌리치며 소리를 질렀다.

"놔요! 왜 사람 팔을 잡아요!"

생활부장이 어이없어하며 말했다.

"내가 언제 네 팔을 잡았니? 옷을 잡았지."

여학생이 팔을 어루만지며 화를 냈다.

"몰라요. 팔 아프단 말이에요!"

"엄살 부리지 말고 빨리 교실로 돌아가."

여학생은 신경질을 부리다 팔을 만지며 교실로 돌아갔다.

며칠 후 생활부장이 아침 지도를 마치고 교문을 닫으려 할 때였다. 왜 팔을 잡느냐고 따졌던 여학생이 다시 막무가내로 나가려 했다. 선생님이 차마 붙잡지 못하며 말했다.

"너 이름이 뭐야? 그냥 나가면 선생님이 사진 찍을 거야."

여학생은 비웃음을 날린 뒤 아랑곳하지 않고 나가버렸다. 선생님이 핸드폰을 꺼내 학생의 모습을 찍어두었다. 학생 사진첩을 보고 명단을 확인하기 위해서였다.

십여 분쯤 지난 뒤 경찰 두 명이 교문으로 들어왔다. 여자 경찰이 생활부장에게 다가와 물었다.

"혹시 조금 전에 여학생 사진을 찍은 선생님이신가요?"

"그렇습니다만…."

경찰들은 불법 촬영을 당했다는 학생의 신고를 받고 찾아왔다고 했다. 선생님이 자초지종을 설명해 준 뒤에 말했다.

"제가 잘못한 건가요? 그럼 제 발로 경찰서로 가겠습니다."

경찰들이 어색하게 웃으며 말했다.

"아닙니다, 선생님. 교육적 목적을 위해 촬영하셨다는 것 확인했습니다. 저희는 이만 가보겠습니다."

생활부장은 씁쓸한 얼굴로 경찰들을 배웅했다. 그 후에도 그 여학생은 이따금 허락 없이 교문을 나가버렸다. 선생님은 그 학생을 더 이상 지도할 수 없었다.

내 인권이 제일 중요해

2주 뒤 생활부장을 신고했던 여학생이 이번엔 친구를 경찰에 신고한 사건이 일어났다. 신고를 받고 출동한 경찰들이 생활부로 찾아왔다. 신고자인 예원이를 불러 신고 경위를 들어 보았다. 쉬는 시간에 복도를 지나가는데 옆 반 여학생 세 명이 있어서 비집고 지나갔다고 했다. 점심시간에 그중 한 명과 화장실 앞에서 마주쳤는데 그 학생이 자신의 가슴을 주먹으로 때리고 갔다는 것이었다.

생활부장은 상대 여학생을 따로 불러서 사실 확인을 했다. 그 친구의 말은 상당히 달랐다. 쉬는 시간에 복도에서 마주쳤을 때 예원이가 먼저 자신의 가슴을 밀치고 갔다는 것이었다. 그래서 점심시간에 마주친 예원이의 가슴을 자신도 밀쳤다고 했다. 옆에 있었던 친구를 불러 확인한 결과 예원이가 먼저 가슴을 밀쳤다고 했다. 점심시간에 화장실 앞에서 목격한 다른 학생을 찾아 상대가 예원이의 가슴을 때린 게 아니라 손으로 밀쳤다는 사실도 확인했다.

생활부장은 예원이 어머니와 통화를 했다. 생활부장의 설명을 듣고 난 어머니는 아이의 신고를 취소하겠다는 뜻을 전해 왔다. 잠시 뒤 경찰이 예원이 어머니와 다시 통화를 했다. 그 사이에 학교경찰관 두 명이 신고한 학생과 상담을 하러 학교로 찾아왔다. 한 학생의 어이없는 신고로 네 명의 경찰력이 동원된 것이었다. 여자 경찰관은 예원이와 한참 동안 상담을 한 뒤 돌아갔다.

예원이는 억울하다며 복도 CCTV를 보여달라고 요구했다. 생활부장이 CCTV를 확인해 보니 상대 학생이 말한 대로였다.

"선생님이 CCTV 확인해 봤는데 쉬는 시간에 네가 상대 여학생 가슴을 손으로 밀쳤어. 점심시간엔 상대 아이도 똑같이 네 가슴을 밀쳤고."

CCTV 확인은 영상자료책임자인 생활부장만 볼 수 있었다. 예원이는 자신의 말이 맞다고 고집을 부리며 자기도 CCTV 영상을 보게 해달라고 졸라댔다. 생활부장이 허락해주지 않자 예원이는 억울하다고 투덜대다가 집으로 돌아갔다.

예원이는 마치 자신에게만 인권이 있다는 듯 행동하고 있었다. 선생님의 인권이나 친구의 인권은 상관할 바 아니라는 듯 안하무인으로 굴었다. 예원이의 마음속에서 인권에 대한 인식이 크게 비뚤어져 있는 게 분명해 보였다.

아이가 공권력을 빌리는 이유

오늘날 아이들의 경찰 신고는 점점 증가하고 있는 추세다. 교사를 신고하는 것을 넘어 부모를 아동학대로 신고하는 일도 있다. 강남의 학원가가 밀집한 지역에서는 "부모가 성적이 떨어졌다고 욕을 했다", "엄마가 컴퓨터를 끄고 공부하라고 했다"는 등의 경찰 신고가 하루에 두세 건 정도 접수된다고 한다.

아이들의 왕성한 신고는 초등학교 때부터 예방 교육을 잘 받아 온 결과라고도 볼 수 있다. 피해를 입었을 때 신속히 경찰에 신속할 수 있는 능력은 꼭 필요한 것이다. 신고가 접수되면 경찰은 즉시 출동하여 상황을 파악하고 사건을 처리해야 한다. 몇 달 전 한 남학생이 교내에서 자전거를 잃어버렸다고 신고한 일이 있었다. 경찰들이 바로 학교로 찾아와 CCTV를 확인한 뒤 자전거를 가져간 학생을 찾아냈다. 그 학생은 다른 학교 친구에게 자전거를 맡겨 놓은 상태였다. 경찰은 해당 학교로 찾아가 자전거를 찾은 뒤 주인에게 돌려주었다.

경찰의 도움을 받아 자전거를 찾을 수 있었던 것은 고마운 일이었지만, 그 사건은 생활부에 신고했어도 충분히 해결할 수 있는 것이었다. 앞서 폭행을 당했다고 주장했던 예원이는 어이없는 신고로 많은 경찰력이 낭비되게 만들었다. 이처럼 그리 시급하지 않은 신고로 공권력이 소모되는 일은 없어야 한다.

아이들은 왜 쉽게 공권력의 힘에 의지하는 것일까. 부모를 아동학대로 신고한 아이들은 학업과 공부로 인한 스트레스가 극심한 지역의 아이들이었다. 경찰 신고 증가는 각 개인이 겪고 있는 고통의 증가와 무관하지 않을 것이다. 친구를 신고했던 예원이의 경우도 가정에서 부모와 극심한 불화를 겪고 있었다.

사는 게 힘든 아이일수록 무력에 끌리고 되고 그 힘에 의존하게 된다. 무력을 이기는 것은 사랑의 힘밖에 없다. 일견 황당해 보이는 일로 경찰 신고를 하는 아이는 사랑을 채워달라고 호소하고 있는 것이다. 손쉽게 경찰의 힘을 빌리려는 아이는 자신의 인권이 짓밟히고 있다고 비명을 지르고 있는 것인지도 모른다.

선생님에게 비난하는
편지를 보낸 아이

부회장의 예상치 못했던 시련

도연이는 2학기 학급회장 선거에 나갔다가 당선되지 못했다. 도연이의 소견 발표는 선생님이 이제까지 들어 본 것 중 최고였다.

"여러분! 페이스메이커는 마라톤 경기에서 동료 선수가 우승할 수 있도록 페이스를 조절해 주는 역할을 하는 선수를 뜻합니다. 여러분이 저를 회장으로 뽑아주시면, 우리 반을 최고의 반으로 만드는 페이스메이커가 되도록 노력하겠습니다."

초등학교 때 전교회장을 했던 아이다운 출사표였다. 그런데 예상치 못했던 다크호스가 있었다. 신체 장애를 갖고 있던 진혁이었다.

"제가 비록 몸은 불편하지만, 우리 반을 위해 일할 수 있다면 최선을 다해 노력하겠습니다."

진혁의 입에서 나온 "최선을 다하겠다"는 말은 다른 사람들의 입에서 나온 말과는 전혀 달랐다. 그 말은 아이들에게 커다란 울림을 준 듯했다. 결국 근소한 차이로 진혁이 회장으로 당선되었다.

이어진 부회장 선거에서 도연이는 "출마를 포기하겠다"고 말했다. 아이들이 자기 일처럼 아쉬워하며 도연이에게 부탁했다. "도연아, 그러지 말고 부회장 나가라.", "그래, 네가 아니면 누가 하니?"

도연이는 굳은 얼굴로 입을 다물고 있었다. 선생님은 부회장 선거를 잠시 중단시키고 도연이를 복도로 불러냈다.

"선생님은 도연이가 기권하지 않았으면 좋겠어. 2학기 땐 누구보다 도연이하고 함께 학급을 이끌어가고 싶기 때문이야."

혼란스러운 표정으로 고민을 거듭하던 도연이는 선생님의 청을 이기지 못하고 결국 고개를 끄덕였다. 잠시 후, 도연이는 압도적인 표차로 부회장에 선출되었다.

그 후부터 도연이에게는 '시련의 세월'이 시작되었다. 훌륭하고 반듯한 생활 태도로 회장에 선출되긴 했지만, 휠체어 생활을 하고 있던 진혁이 할 수 있는 회장 역할은 그리 많지 않았다. 때문에 많은 교과 선생님들이 부회장인 도연이에게 일을 맡겼다. 그런 일들이 쌓여가면서 도연이의 마음은 점점 힘들어졌다.

얼마 뒤 2학기 중간고사를 보았는데, 도연이는 처음으로 실망스러운 성적을 받았다. 1학기에 전교 5등 안에 들었던 성적에서 평균 2~3점이 떨어진 것이었다. 학업 외에도 독서광에다 소설 쓰기를 좋아했던 도연이는 늘 시간에 쫓기며 공부를 했다. 그는 아침 조회가 끝나자마자 단어를 외우는 등 자투리 시간을 아껴가며 공부를 하곤 했다. 그런 와중에 회장 역을 떠맡게 될 때마다 속이 쓰렸다.

진혁이는 진혁이대로 회장 역할을 제대로 할 수 없는 처지로 인해 큰 부담감을 느끼고 있었다. 중간고사가 끝난 다음 날 진혁이의 어머니가 찾아와 고충을 털어놓았다.

"선생님, 진혁이가 회장이 된 걸 후회하는 거 같아요. 아이들이 회장 역할 못 한다고 자주 구박하나 봐요."

며칠 뒤 선생님은 1, 2학기 회장, 부회장 네 명과 함께 저녁을 먹었다. 그날은 진혁이와 도연이 모두 맛있게 음식을 먹으며 즐겁게 대화를 나누고 헤어졌다.

그 후 교실에서 마주치는 도연이의 모습은 괜찮아 보였다. 실질적인 회장 역까지 해내고 있는 도연이가 선생님은 누구보다 고맙고 대견했다.

내가 힘든 것도 좀 알아줘요

그해 12월 31일이 지나고 막 새해가 된 순간 담임선생님은 도연

사춘기 아이와 잘 지내시나요

이로부터 문자를 받았다,

-"1학년 담임쌤부터 체육이라니! 이건 저주야!" 선생님을 처음 봤을 때 드는 생각이었습니다. 예상과 비슷했습니다. 책을 출판하셨다고 자랑(?)하시는 모습이란… 새해부터 쓴 소리 너무 많이 하는군요. 가끔은 죽도록 미웠습니다. 어쨌든 새해 복 많이 받으세요.^ㄴ^

도연이가 새해 문자를 하루 뒤에만 보냈더라도 선생님은 담담하게 받아들일 수 있었을 터였다. 도연이의 문자를 확인한 시간은 1월 1일 0시가 지난 시각, 그러니까 막 한 살 더 나이를 먹은 순간이었다.

제자의 문자를 반복해서 읽고 난 선생님은 도연이가 2학기 때 많이 힘들었다는 걸 제대로 느낄 수 있었다. 도연이는 회장의 일까지 자신이 떠맡아 하는데, 회장이라는 타이틀은 진혁이 갖고 있다는 사실이 받아들여지지 않았을 터였다. 속이 깊은 아이였기에 2학기 내내 진혁의 몫까지 묵묵히 감당해주긴 했다. 하지만 마음 깊은 곳에서는 회장과 부회장 몫까지 다 떠맡는 것이 너무도 고통스러웠던 것이다. 일찍 철이 들고 조숙한 아이였을지라도 중학교 1학년이 감당하기에 가혹한 일이기도 했다.

선생님은 도연이의 겉모습만 보고 '역시 잘해내고 있구나'하며 넘겨왔던 자신이 무심했음을 깨달았다. 2학기 때 도연이 모습을 돌아보며 정성을 다해 답장을 쓰기 시작했다.

그때 도연이는 어머니에게 "담임선생님에게 새해 인사 문자를 보냈는데 답장이 오지 않는다"고 투덜거리고 있었다. 인사를 어떻게 보내드렸냐고 묻자 도연이가 머뭇거리며 대답을 하지 않았다. 딸의 표정을 보고 뭔가를 감지한 어머니가 "선생님께 보낸 문자 좀 보여줄 수 있느냐?"고 물었다. 도연이가 주저하며 내민 핸드폰의 문자를 본 어머니는 깜짝 놀랐다. 딸이 새해 첫날 담임선생님께 이런 내용의 글을 보냈다는 게 믿어지지 않았다.

도연이를 막 혼내려는 순간 선생님에게서 답장이 왔다.

−도연아~ 한 해 동안 어려움에 처한 아이들에게 든든한 친구가 돼 준 일들 정말 고마웠다. 넌 올해 우리 반을 구원해 준 수호천사였어^^ 샘 칭찬에 방심하지 말고 방학 동안 실력도 많이 키우렴!

어머니가 도연이를 크게 나무라셨다.

"넌 어쩜 새해 첫날 선생님께 이런 문자를 보낼 수 있니? 네가 딸이라는 게 정말 실망스럽다."

그전까지 어머니로부터 실망스럽다는 말을 들어 본 없었던 도연이는 정신이 번쩍 났다.

"엄마… 나도 선생님께 그런 글 보내 놓고 후회하고 있었어…."

도연이의 눈에서 저도 모르게 눈물이 흘러나왔다. 선생님께 무례한 문자를 보낸 것보다 엄마를 실망시켰다는 사실이 더 가슴 아팠다.

아픔을 이겨낸 성장 드라마

선생님은 30분 뒤 도연으로부터 다시 문자를 받았다.

-지난 1년간의 일을 돌이켜 보면, 제 자신이 부끄러워 한탄하고 있습니다. 선생님께 가볍게 대하고 무례하게 행동한 것 진심으로 죄송합니다. 곧 중2가 되어가는 학생으로서 초심으로 돌아가 나이에 알맞은 행동을 하도록 노력하겠습니다. 선생님, 그간 감사했고요, 죄송했습니다. 문자 주셔서 감사합니다^^

도연이는 2월에 개학 후 학급문집을 만드는 일에 열정적으로 에너지를 쏟아부었다. 그 모습을 보며 선생님은 도연이가 진혁이로 인한 내면의 갈등을 잘 극복하고 한 단계 더 성숙해졌음을 알 수 있었다. 도연이는 문집 맨 앞에 담임선생님을 쏙 빼닮은 그림과 함께 멋지고 재미난 소개글을 써주기도 했다.

어느덧 종업식 날이 다가왔다. 아이들과 마지막 인연을 나누는 날이었다. 아쉬운 마음을 안고 교실로 들어서던 선생님은 풍선으로 치장된 칠판과 바닥을 보고 깜짝 놀랐다. 교실 중앙에 케익까지 놓여있는 걸 본 선생님은 어안이 벙벙해졌다. 얼떨떨한 순간 뒤에 말로 표현할 수 없는 감동이 가슴 속에서 솟아올랐다. 선생님은 환한 웃음을 지으며 아이들이 풍선으로 만들어 놓은 길을 걸어 케익으로 다가갔다.

"선생님, 불 끄셔야죠!"

도연이가 활짝 웃으며 크게 외쳤다.

"이 녀석들…! 스승의 날도 아닌데 선생님을 이렇게 놀래키면 어떡하니? 도대체 이거 누가 준비한 거니?"

아이들이 큰 목소리로 합창하듯 대답했다.

"회장하고 부회장이요!"

진혁이와 도연이가 한마음이 되어 마무리 이벤트를 준비해주었다는 사실이 무엇보다 기뻤다. 그런데 그게 끝이 아니었다. 도연이가 갑자기 자신이 만든 상장을 펴들더니 크게 읽는 것이었다.

"햇살상! 1학년 3반 공인한 선생님. 위 선생님은 제자들을 향한 넘치는 사랑과 훌륭한 가르침으로 우리 반 아이들의 얼굴에 햇살이 가득하게 해주셨기에 이 상장을 수여합니다. 1학년 3반 전원 일동. 얘들아, 박수!"

아이들의 박수 소리를 들으며 선생님은 도연으로부터 과분한 상장을 건네받았다. 이런 감동적인 상장을 생각해 내다니… 과연 도연이다운 행동이었다.

도연이는 선생님에게 잊을 수 없는 종업식을 선사한 뒤 2학년이 되었다. 자신의 정체성을 잘 확립한 그는 전보다 한결 밝아진 얼굴로 공부도 열심히 하고 책도 다양하게 읽으며 즐겁게 생활해 나갔다.

♥ 사례 4

수업 시간에 습관적으로
욕하는 아이

지옥에서 온 아이

배구 수업 시간에 은채는 여학생 조장을 맡았다. 은채는 키가 반에서 두 번째로 컸고 운동도 만능이었다. 조장이 조원들과 패스를 주고받는 연습이 진행되었다. 남학생 조장인 체육부장은 사이좋게 패스를 주고받고 있었다. 반면에 은채는 아이들이 실수를 할 때마다 신경질을 부리거나 화를 냈다.

잠시 뒤 한 여학생과 은채 사이에 다툼이 일어났다. 화를 못 이긴 은채가 배구공을 있는 힘껏 차서 여학생의 배를 맞췄다. 비명과 함께 여학생이 배를 움켜잡고 주저앉았다.

체육 선생님은 다친 여학생을 보건실로 보낸 뒤 은채에게 '벽 보고 서 있기'를 시켰다. 은채는 제대로 서 있지 않고 발로 벽을 툭툭 차고 있었다. 뭐라고 욕을 하는 소리도 들렸다.

"은채! 따라 나와."

은채를 체육관 복도로 불러낸 선생님이 말했다.

"지금부터 3분 동안 똑바로 서 있는다. 제대로 하지 않으면 다시 3분 늘어나는 거야."

선생님과 단둘이 있게 되자 은채는 조금 다른 모습을 보였다. 몸을 꿈틀거리면서도 3분 동안 움직이지 않으려고 안간힘을 다했다. 3분이 지났을 때 선생님이 말했다.

"잘 들어. 앞으로 수업 시간에 다른 학생이 다치게 할 만한 행동은 하지 않아야 돼. 항상 안전을 먼저 생각해야 되는 거야."

멀뚱하게 서 있는 은채에게 선생님이 다시 지시했다.

"선생님이 말한 거 들은 대로 얘기해 봐."

은채가 방금 들은 말을 떠올리려고 눈알을 굴리며 말했다.

"수업 시간에 다른 애들 피해주는 행동 하지 않는 거요. 그리고… 안전을 먼저 생각하는 거요."

들은 대로 말하는 은채의 모습은 꽤 진지했다. 선생님에게 크게 혼날 줄 알았는데 '들은 대로 말하기'를 시키니 조금 당황한 듯했다. 은채는 선생님이 혼내면 더 세게 반항하는 아이였다. 그런 행동은 부모와의 소통 과정에서 습관화되었을 가능성이 높았다. 그랬는데 들은 대로 말하는 게 전부였으니 반항할 필요가 없어진 셈이었다.

'들은 대로 말하기'를 하니 욕이 나오지 않네?

다음 시간엔 피구 수업을 했다. 피구를 하던 남학생 한 명과 은채의 입에서 간간이 욕이 튀어나왔다. 중간에 주의를 준 후엔 둘 다 조심하려고 노력했다. 남학생은 욕을 하지 않았지만 은채는 자기도 모르게 욕을 내뱉곤 했다.

수업 시간에 욕을 하는 행동은 반드시 고쳐져야 하는 것이었다. 선생님은 수업을 마치고 은채를 남겼다. 이번엔 4분 동안 서 있기를 시켰다. 은채가 차렷자세로 서 있는 동안 선생님은 말없이 평화의 에너지를 보내 주었다. 선생님이 자신을 혼내려고 남긴 게 아니라는 걸 알고 있던 은채는 제법 성실한 자세로 '서 있기'를 했다. 4분이라는 시간이 더디게 흘러갔지만 평화로운 에너지가 서로의 공간을 감싸고 있는 게 느껴졌다.

4분이 지났을 때 선생님이 은채에게 말했다.

"선생님이 두 가지를 얘기해 줄 거야. 하나는 수업 시간에 욕하지 않는 거. 또 하나는 운동 못하는 친구를 비난하지 않는 거야."

선생님은 이번에도 은채에게 들을 대로 말하게 했다. 은채가 예상한 듯한 표정으로 차분하게 대답했다.

"애들한테 심한 말 하지 않는 거랑 수업 시간에 욕하지 않는 거요."

다음에 같은 잘못을 하면 5분 서 있기를 하게 된다고 알려 준 뒤 은채를 돌려보냈다. 교실로 돌아가는 은채의 뒷모습에서 힘이 많이 빠져있는 게 보였다. 그 모습을 보며 선생님은 '들은 대로 말하게 하는 것'이 혼내는 것보다 훨씬 더 효과가 크다는 걸 분명히 느낄 수 있었다.

다음 시간부터 은채의 입에서 욕이 거의 나오지 않았다. 선생님은 은채가 욕을 할 때 '쓰리아웃제'로 두 번의 기회를 주었다. 체격이 크고 운동도 잘하는 은채에겐 무서운 친구가 없었다. 수업을 할 때 제대로 하지 못하는 친구를 보면 자기도 모르게 욕이 나오곤 했지만 빈도수가 크게 줄어들었다.

세 번째 욕이 들렸을 때 선생님은 어김없이 은채를 불러 벽보기 서 있기와 들은 대로 말하기를 시켰다. 그 후로 은채의 입에서 욕이 나오지 않았다. 'ㅆ'이 나오다가도 재빨리 멈출 줄 알았다. '들은 대로 말하게 하기'는 효과가 컸다. 어느덧 은채의 입에서 욕이 완전히 사라졌다.

아이의 행동 변화는 어떻게 이루어지는가?

아이의 방 청소는 모든 부모에게 어려운 문제 중 하나로 꼽힌다. 침대를 정리해라, 옷 좀 걸어라, 먹고 난 그릇은 갖다 놔라 아무리 노래를 해도 듣지 않는다. 사춘기 아이의 행동 변화를 일으키는 건 쉽지 않은 일이다.

부모의 잔소리는 아무리 들어도 머릿속으로 제대로 입력되지 않는다. 하지만 아이의 입으로 '들은 대로 말하게'하는 것은 다르다. 아이는 들은 대로 말하기 위해 머리를 '가동시켜야'한다. 이는 적지 않은 에너지를 필요로 하는 일이다. 실제로 아이들은 부모의 말을 들은 대로 말하는 일에 애를 먹기도 한다. 그럴 땐 두세 번 더 말해 준 뒤에 다시 '들은 대로 말해 줄래?'고 부탁하는 것이 좋다. 아이의 입에서 제대로 '들은 대로 말하기'가 나오면 머릿속으로 어느 정도 저장되었다고 볼 수 있다.

교육적으로 부모의 잔소리는 아이에게 거의 효과가 없다. 귀로 듣는 것은 아무리 많이 들어도 마음에 새겨지지 않기 때문이다. 아이가 열렬히 좋아하던 이성 친구와 사귀게 된다면 다를 것이다. 이성 친구의 말은 한번 듣는 것만으로 바로 머릿속에 저장하게 될 것이다.

하지만 부모의 말을 듣고 아이가 그렇게 해주리라는 기대는 하지 않는 게 좋다. 새로 사귄 이성 친구의 말에는 엄청난 집중력이 생기기 때문에 한 번 듣는 것만으로 입력이 가능하다. 매일 듣는 부모의 말에 주의를 기울이는 아이는 거의 없다. 부모가 유언을 남길 때나 그런 주의력을 불러올 수 있을 것이다.

아이에게 방 청소에 대해 말할 때는 부모가 바라는 것을 구체적 행동 언어로 들려줘야 한다.

"있잖아, 엄마가 부탁 좀 할게. 자고 일어나면 침대를 정리해줘.

옷을 벗었을 땐 옷걸이에 걸어주고. 음식을 먹고 난 다음엔 그릇을 주방으로 갖다줬으면 좋겠어.”

그런 다음 이렇게 요청하는 것이 중요하다.

“엄마한테 들은 대로 한번 말해 볼래?”

아이는 “알았어, 알았어”라며 얼렁뚱땅 넘어가려 할 것이다. 그래도 들은 대로 말해 달라고 거듭 부탁하여 아이 입에서 부모가 바라는 행동이 문장으로 나오게 하는 것이 중요하다.

“옷은 걸어 놓고, 침대 정리하고, 그릇도 갖다 놓으라고.”

이 정도도 효과가 있지만 구체적으로 들은 대로 말하게 하는 것이 더 효과가 좋다. ‘옷을 벗었을 때 옷걸이에 걸어 놓고, 아침에 일어났을 때 침대를 정리하고, 음식을 먹고 났을 때 그릇을 갖다 놓는다’는 문장이 제대로 나오게 할수록 더 분명하게 기억될 것이다.

이때 “엄마가 말한 대로 따라 해봐. 첫째…”라는 식으로 따라 하게 하는 것은 그리 효과적이지 못하다. 앵무새처럼 따라 하는 것만으로는 마음에 새겨지지 않기 때문이다.

아이의 행동 변화를 원한다면 아이 머릿속으로 부모의 말이 입력되어야 한다. ‘들은 대로 말하게 하기’는 아이의 마음을 변화시키는 가장 효과적인 방법이다.

중학생은 어떤 아이들일까?
– 학년별 특성

중학교는 인생에서 가장 큰 변화가 일어나는 시기다. 그래서 '질풍노도의 시기'라고 일컫는 것일 것이다. 그야말로 아이들은 질풍과 같은 속도로 변한다. 중학생들은 학년마다 어떤 특징을 갖고 있을까? 학년별로 아이의 특징을 정확히 아는 일은 매우 중요하다. 그래야 아이의 상태에 맞게 대응할 수 있기 때문이다.

중1 초등학생과 중학생의 모습이 공존하는 시기

＊

3월 2일 갓 중학생이 된 신입생들은 '얘들이 중학생이 맞나' 싶을 정도로 어려 보인다. 대부분 초등학생 티를 벗지 못한 채 중학교에 들어오게 된다. 어쩌면 당연한 일이다. 중학교에서 중학생 경험을 쌓아나가면서 중학생의 면모를 갖춰 나가는 것일 테니 말이다.

중학생이 된 아이들은 쉬는 시간과 점심시간에 담임선생님이 없는 교실에서 생활하게 되는 자유를 누리게 된다. 갑자기 얻은 자유는 불안할 수밖에 없다. 게다가 중1은 정신적으로 여전히 미숙한 시기다. 아이들은 보호자가 없는 공간에서 생활하며 여러 가지 시행착오를 겪게 된다. 1, 2, 3학년 중에서 학교폭력 사건이 가장 많이 발생하는 학년이 1학년이다.

중학교에 들어와 학교폭력에 연루되는 아이들은 대부분 초등학교 때 학폭 경험이 있는 아이들이다. 집단 따돌림을 당했던 아이의 경우 더 많은 친구들을 자기편으로 만들려고 애쓰게 된다. 이때 두 가지 문제가 일어날 가능성이 높다. 하나는 자기편과 더 친해지기 위한 방편으로 다른 아이에 대해 험담과 뒷담화를 하는 것이다. 험담과 뒷담화가 당사자에게 알려질 경우면 학교폭력으로 신고될 수 있다. 다른 하나는 더 많은 아이를 자기편으로 만드는 일에 치중하다가 이미 친해진 아이를 소홀히 여기거나 무시하는 행동을 하는 일이다. 두 가지 행동을 계속하다 보면 주위에 친구가 한 명도 남지 않게 되기도 한다.

학교폭력 피해를 입든, 가해를 입히든 힘들고 어려운 처지에 놓이는 것은 마찬가지다. 따라서 가능하면 학폭 신고에 연루되지 않은 것이 가장 좋다. 하지만 피치 못하게 신고를 해야 하는 상황에 맞닥뜨리게 되기도 한다. 그럴 땐 아이와 부모가 충분히 대화를 나누며 침착하게 진행해 나갈 필요가 있다.

사춘기 아이와 잘 지내시나요

중학교 1학년은 성에 대한 인식이 미숙한 시기이기도 하다. 남성과 여성, 젠더에 대한 인식이 자리 잡기 전에 이성에게 장난을 치다가 선을 넘게 되는 일이 발생하기도 한다. 자기도 모르게 성희롱이나 성추행을 저지르게 되기도 한다. 또는 아무 생각 없이 개인 메시지를 통해 부적절한 문자나 사진을 전송하기도 한다. 중1 부모는 자녀에게 이성을 존중하는 법과 이성에게 지켜야 할 예의를 충분히 교육시키는 일이 필요하다.

중학생 부모에게 가장 필요한 일은 믿음의 눈으로 아이를 바라봐주는 것이다. 얼마 전까지 초등학생이었던 아이가 중학교 교육을 잘 감당해낼지 불안한 마음이 드는 것도 사실이다. 아이에게도 어렵고 힘든 도전임에 틀림없다. 이때 부모가 불안해하거나 조바심 갖는 모습을 보이는 것은 바람직하지 않다. '우리 아이는 잘 적응할 거야', '중학교에서 힘은 일도 겪겠지만 잘 헤쳐 나갈 거야'하는 신뢰의 눈빛을 보내주는 것이 중요하다.

인간은 지구 환경에서 가장 적응을 잘해온 종이다. 14살은 인생에서 적응력이 가장 뛰어난 시기이기도 하다. 아이는 부모가 머릿속에서 그리는 이미지를 닮아간다. 부모는 아무리 힘든 일이 있어도 마음속으로 아이를 긍정적으로 그리는 일은 포기하지 않아야 한다.

2학기가 되면 아이들은 3월에 보였던 풋내기와는 완전 딴판인 아이로 변모한다. 그야말로 번듯한 중학생이 되는 것이다. 여름방학을 끝낸 아이들은 '중학교가 이런 데구나', '중학생 뭐 별거 아니네'라는 듯 의기양양해진 모습으로 나타난다.

아이들은 한 학기 만에 중학교에 완전히 적응한 듯한 모습을 보인다. 하지만 아직 중2와는 큰 격차를 갖고 있는 병아리라고 볼 수 있다. 열다섯은 되어야 '청소년'이라고 부를 만큼 제법 의젓해진다.

중2 본격적으로 부모에게 반항할 때

✻

'중2병'이라는 말이 있듯 중학교 2학년은 결코 호락호락한 시기가 아니다. 이제 아이는 어느 정도 홀로 설 수 있는 힘이 생겼다. 뭐든지 스스로 선택하고 싶어 하고 자신의 힘으로 해내고 싶어 한다. 스스로 삶을 통제하려는 욕구가 강하게 생겨나는 것이나. 삶의 통제감은 건강한 중2에게 너무도 자연스러운 욕구이다.

삶의 통제감을 존중받지 못한 중2는 부모에게 거침없이 반항을 하게 된다. 부모는 아이가 갑자기 변한 것 같다. 어떤 땐 괴물이 된 것 같다고 느끼게도 된다. 아이가 이렇게 반항하는 이유는 무엇일까? 그 대답은 아주 간단하다. '반항할 수 있는 힘이 생겼기' 때문이다.

'힘'이 생긴 아이는 부모에게 짜증을 부리기도 하고 부모의 말을 거역하기도 한다. 절대 꺾이지 않겠다는 듯이 고집을 부리기도 한다. 급기야 불같이 화를 내며 분노를 터뜨리기도 한다. 아이가 그런 상태일 때는 소통을 중단하는 것이 가장 현명한 대응법이다. 흥분한 아이하고는 대화가 불가능할뿐더러 계속 상대해봐야 싸움만 더 커지게 되기 때문이다.

하루 뒤든 한두 시간 뒤든 시간을 가진 뒤 아이의 마음이 진정되었을 때 소통을 재개하는 것이 좋다. 이때 아이에게 평가나 판단, 비난으로 들리는 표현을 하지 않아야 한다. 부모가 어떤 느낌을 받았고 무슨 생각이 들었는지 '나 전달법'으로 표현하는 것이 좋은 표현법이다. 그런 뒤 아이에게 바라는 것을 부탁하는 방식으로 전하는 것이 좋다. 그럴 때 아이는 부모에게 '자기 통제감'을 존중받았다고 느끼게 된다. 그런 느낌이 부모에게 협력하고 싶은 마음을 불러일으킨다.

중2는 가장 감정이 쉽게 달아오르는 시기이다. 아이가 터뜨리는 분노를 바라보는 부모의 관점이 중요하다. 아이의 분노는 내면에 충족되지 않은 욕구가 있다는 시급한 메시지를 보내는 것이다. 분노는 내면에 짓눌리고 있는 욕구가 있으니 제발 알아달라는 아이의 외침(Please!)이다.

중2는 부모와의 관계보다 또래와의 관계로 중요도가 옮겨가는 시기이기도 하다. 부모는 아이가 친구들과의 관계에 푹 빠져 사는 모습이 걱정될 수도 있다. 하지만 부모가 걱정해야 할 것은 아이의 또래 관계가 깊어지는 것이 아니다. 부모가 아이와 얼마나 친밀한 관계를 맺고 있느냐이다. 그것이 아이들 인간관계의 모든 것을 좌우하기 때문이다. 부모와 친밀한 관계로 중심을 단단히 잡고 있는 아이는 어떤 또래와도 건강하게 관계를 맺어나간다.

부모에게 친밀함을 느끼지 못하는 아이는 그 결핍감을 또래에게 서둘러 채우려 하게 된다. 배고픈 아이가 아무거나 집어먹듯이 다급하게 친구를 사귀게 된다. 이때 상대는 자신처럼 친밀함이 결핍된 아이가 될 확률이 높다. 인간관계만큼 비슷한 에너지끼리 끌어당기는 분야도 없기 때문이다. 심리가 불안정한 아이들끼리 맺어진 관계는 갈등과 불화가 생길 가능성이 높다. 또래 관계로 스트레스를 받는 아이는 부모와의 관계에 힘쓸 에너지가 부족할 수밖에 없다. 관계의 악화가 악순환되는 것이다.

중2는 심리적으로 가장 혼돈스러운 시기이다. 어느 때보다 부모와의 안정적 관계가 필요한 시기다. 이때 부모는 어떤 일이 있어도 아이와 친밀한 관계를 잃지 않겠다는 의지가 필요하다. 아이의 공부나 성과 또는 부모의 사회적 체면보다 더 중요한 것이 아이와의 관계이다. 부모와 맺는 친밀함이 아이 인생에 가장 큰 영향을 미치는 자산이 되기 때문이다.

중3 스스로 어른이라고 착각하는 나이

*

중3이 된 아이는 중2와 또 다른 아이가 된다. 제법 '어른스러워진 느낌'을 풍긴다. 이제 아이는 부모로부터 심리적으로 독립된 존재이기를 원한다. 중3은 부모 없이 홀로 설 수 있다고 착각하게 되는 시기이기도 하다.

중3이 된 아이는 문제가 발생했을 때 혼자 해결하겠다고 큰소리치기도 한다. 경중에 따라 아이가 스스로 처리해 나가도록 믿고 기다려주는 태도도 필요하다. 하지만 학폭 사안 등 큰 문제가 터졌을 때는 아이 혼자 해결해 나가기 힘들다. 부모가 적극적으로 개입하여 도움을 줘야 한다. 아이에게 닥친 위기는 부모에게 아이와 친밀하게 소통할 기회를 제공해주기도 한다.

중3은 스스로 독립할 수 있다고 착각하는 시기인 만큼 부모와 불화가 깊어지면 관계가 단절될 수도 있는 시기이다. 이때 부모는 아이가 지켜주길 바라는 마지노선을 침범하지 말아야 한다. 아이의 마지막 자존심은 지켜줘야 한다.

아이의 급변하는 행동과 좌충우돌하는 감정의 뿌리에는 충족되길 바라는 필요와 욕구가 있다. 사춘기 아이는 자신이 바라는 게 뭔지 모르는 상태에서 행동할 때가 많다. 중3 부모에게 요구되는 중요한 역할은 아이의 핵심 욕구를 찾아 주는 것이다. 자신이 진정으로 원하는 것이 무엇인지 알게 된 아이는 삶의 방향감각을 찾게 된다.

중3은 부모와 아이가 가장 대화하기 어려운 시기이다. 역설적으로 아이와 가장 깊은 대화가 필요한 시기이기도 하다. 아이가 느끼는 감정에 대해 충분히 대화를 나누는 과정을 통해서 아이가 바라는 것을 찾을 수 있기 때문이다. 부모가 채워줄 수 있는 욕구라면 바로 들어주는 것이 좋다. 시간이 필요한 일이라면 좀 더 기다려달라고 얘기해주면 된다. 아이는 부모가 자신의 마음을 알아준 것만으로 수용받았다는 느낌을 갖게 된다. 그러면서 부모에 대한 감정도 긍정적으로 바뀐다.

중3 아이와 소통할 때 가장 중요한 것은 부모와 동등한 존재로 대하는 것이다. 아이의 감정과 욕구를 부모의 그것처럼 존중해 줘야 한다. 이보다 더 우선돼야 할 일이 있다. 그것은 부모가 자기 자신에 대해 공감해주는 일이다.

인간에게 가장 중요한 관계가 자기 자신과의 관계라고 한다. 부모에게도, 아이에게도 자기 자신과의 관계가 가장 중요하다. 자기 자신과 관계를 잘 맺는 부모는 질풍노도의 사춘기 아이와도 관계를 잘 맺는다.

아이는 부모를 비추는 거울이다. 아이라는 거울을 통해 부모는 더 성숙한 존재로 성장해 나간다. 부모가 아이를 키우는 것이 아니라 아이가 부모를 키우는 것이다.